KB198008

우리의
싸움은
아직
시작도
하지 않았다

**옮긴이 김희상**

성균관대학교와 같은 학교 대학원에서 철학을 전공했다. 독일 뮌헨의 루트비히막시밀리안 대학교와 베를린 자유대학교에서 헤겔 이후 계몽주의 철학을 연구하며 '어떻게 살아야 하는가?' 하는 물음의 답을 찾아왔다.

'인문학 올바로 읽기'라는 주제로 기회가 닿을 때마다 강연과 독서모임을 펼치고 있다. 대표 강좌로는 한겨레 교육 문화 센터의 '문장 수정 가능하실까요'가 있다.

지은 책으로『생각의 힘을 키우는 주니어 철학』이 있고, 『말로 담아내기 어려운 이야기』, 『마음의 법칙』, 『늙어감에 대하여』, 『사랑은 왜 아픈가』, 『봄을 찾아 떠난 남자』 등 130여 권의 책을 번역했다.

좋은 책과 만나 참된 삶의 길을 찾으려는 방랑은 여전히 진행형이다.

**Was ihr wollt: Wie Protest wirklich wirkt**
by Friedemann Karig

© by Ullstein Buchverlage GmbH, Berlin.
Published in 2024 by Ullstein Verlag

Korean Translation Copyright © 2024 by Wonderbox
Korean edition is published by arrangement with Ullstein Buchverlage GmbH, Berlin through BC Agency, Seoul

# 우리의 싸움은 아직 시작도 하지 않았다

프리데만 카릭
Friedemann Karig

김희상 옮김

### 멈춰버린 세상을 앞으로 나아가게 하는 법

원더박스

차
례

**일러두기**

- 이 책에 있는 모든 각주는 이해를 돕기 위한 옮긴이 주이다.
- 책은 『 』로, 신문과 잡지는 《 》로, 기사와 논문 등은 「 」로 구분했다.

"머릿속에서 일어나는 혁명은 아무도 주목하지 않는다."

**길 스콧헤론**[*]

[*] 길 스콧헤론Gil Scott-Heron(1949~2011)은 미국의 재즈 음악가이자 가수이다. 1970년대와 1980년대에 걸쳐 사회 문제와 정치 사안을 다룬 참여 음악으로 발 자취를 남겼다.

# 이 책으로
# 벽을 깨자

저항은 크고 분명한 목소리로 말한다. 저 전설적인 인물 하비 밀크*의 말을 들어보자. 성소수자 인권과 동성애 결혼 합법화를 위해 활동한 미국 운동가 하비 밀크는 1970년대 샌프란시스코의 거리에서 시위를 조직할 때 같은 동성애자이기는 하지만 공동의 정치투쟁에는 관심이 없던 사람들에게 함께 싸우자며 다음과 같은 말로 설득했다고 한다. "자네가 가장 잘할 수 있는 바로 그 일을 해! 나는 동성애자라고 당당히 밝히라고! 그럼 적어도 우리는 하나잖아!" 이 이야기는 아주 멋진 전설이기는 하지만, 이미 고인이 된 밀크에게 물어볼 수 없어 정말 그랬는지 확인할 수는 없다.

대개 사람들은 저항, 운동, 항거는 몇몇 소수의 특별한 인간만 해낼 수 있다고 믿는다. 이를테면 마하트마 간디나 그레타 툰베리, 마틴 루서 킹 주니어 또는 하비 밀크처럼 특별한 능력을 갖추고 카리스마를 지닌 지도자만이 불굴의 용기를 가지고 뭔가 변화를 이뤄낼 수 있다고. 대다수의 평범한 우리는 그저 조역만 맡을 따름이라고. 아주 드물게, 포착하기 힘든 순간에 때와 장소가 기막히게 맞아떨어져 변화를 이뤄내는 사람이 없지는 않지만, 이런 경우는 보기 드문 예외에 지나지 않는다고도

---

\* 하비 밀크Harvey Milk(1930~1978)는 민주당 소속으로 활동한 정치가이다. 그는 미국에서 동성애 성향을 공개적으로 밝힌 최초의 공직자이다.

한다. 이런 예외도 기록물 보관소의 보도 사진처럼 누렇게 퇴색해 먼지나 뒤집어 쓰고 있다나. 어떤 사안이든 찬반의 목소리를 내야 한다는 생각은 우리 서구 민주주의의 대다수 사람에게 의회 또는 대법원이 멀게 느껴지는 것처럼 그저 먼 나라 이야기로 여겨진다. 그런 것이 분명 존재하기는 하지만, 나하고 무슨 상관이냐고 여기는 태도가 이런 반응이다. 어차피 역사적 순간을 맞이하지도 못할 텐데 뭐 하러 저항한다고 힘을 빼나? 1968년이나 1989년처럼 획기적 변화가 일어난 특별한 시대에 사는 것도 아니잖냐?* 평범한 소시민은 이렇게 반문한다.

하지만 다행히도 저항과 항거를 보는 이런 관점은 사실과 거리가 멀다. 이 책이 보여주듯, 오히려 정반대가 진실이다. 격변과 혁신, 혁명과 항거는 언제나 그리고 오로지 수많은 사람이 힘을 합칠 때 이뤄졌다. 이런 변화를 끌어낸 과정을 복기해보면, 이른바 조역 또는 단역이 실제로는 주연이다. 반드시 특별한 능력을 갖춰야 하는 것은 아니며, 초인적인 힘과 용기가 필요하지도 않다. 성공한 항거는 영웅이나 걸물이 아니라, 상식과 신뢰와 소통과 협력을 소중히 여길 줄 아는 보통 사람들, 요컨대, 공동의 목표를 향해 단결할 줄 아는 집단지성이 일구어

---

\*　1968년에 서유럽 국가들에서 기성세대에게 저항해 대규모 학생운동이 일어났다. 1989년은 독일 통일이 이뤄지기 직전의 격변을 말한다.

왔다. 저항운동이 일반적으로 감정의 분출, 다소 강도의 차이가 있을 뿐 본질적으로 감정의 폭발에 불과하다고 보는 관점은 과거 역사의 위대한 저항운동에 비추어 볼 때 거의 맞지 않는다. 성공한 운동은 매우 세심한 전략과 아주 잘 짜인 계획 덕분에 큰 힘을 발휘했다. 전략과 계획, 그 바탕에 깔린 신뢰와 공동 목표가 바로 성공의 비결이다. 겉보기로는 갑자기 몰려든 먹구름이 쏟아붓는 폭우처럼 때로는 모든 것을 휩쓸어가고 때로는 깨끗하게 정화해주는 혁명이 사실은 예측할 수 있을 뿐만 아니라, 바람직한 방향으로 이끌 수도 있다면, 그 이야기는 자못 흥미진진하지 않을까?

그러나 저항을 주제로 다룬 사회적 담론에서 여러 오해, 모순 또는 잘못된 가정들을 자주 볼 수 있다. 이를테면 다수의 대중을 설득할 수 있어야만 저항운동이 성공한다는 말을 토론에서 자주 듣는다. 다수가 동의하지 않는다면, 변화는 일어날 수 없다면서. 그러나 역사의 경험은 소수, 강력한 신념을 가진 몇몇 소수가 큰 변화를 일으켜왔음을 증언한다. 그밖에 저항은 항상 극단적 폭력과 고작 한 발짝만 떨어져 있을 뿐이라고 믿는 사람도 많다. 하지만 대부분의 저항운동은 가혹하게 탄압받는 와중에도 놀라울 정도로 평화적으로 이루어졌다. 그리고 또 저항운동을 성공에 이르게 하는 길은 오로지 하나뿐인데, 이 길을 찾지 못한 채 여러 잘못된 방법이 시도된다는 주장도 있다. 그러나 관련 연구는 이미 오래전부터 성공을 가장 잘 보증해주는 것은 실패를 두려워하지 않고 다양한 전술을 조합해가며 시도하는 자세임을 확인해준다. **"더 잘 실패하자."** 곧 실패를 두려워하지 않고 실패로부터 배우는 자세가 성공의 열쇠라는 점을 우리는 새겨야 한다.

미국 앨라배마에서 버스 좌석을 유색인종이 이용하지 못하게 한 법에 대항해 투쟁함으로써 아프리카계 미국인의 인권운동에 결정적 전환점을 마련했다는 평가를 듣는 로자 파크스*는 후일 이런 말을 했다고 한다. "나를 속상하게 만드는 유일한 점은 너무 오래 이 저항을 기다리기만 했다는 사실입니다."[1] 그녀의 저항운동 역시 즉흥적으로 이뤄지지 않았으며, 충분한 시간과 공을 들여 짠 계획에 따랐다. 1955년 12월 1일 로자는, 나중에 입방아를 찧는 사람들이 즐겨 말한 것과는 달리, 백인에게 자리를 양보할 수 없을 정도로 피곤하지 않았다. 그녀와 동료들은 행동에 나서기에 완벽한 타이밍이란 없다는 걸 알고 있었다. 이 정도면 누구나 행동에 나서게 할 만큼의 충분한 계기도, 확실히 성공을 보장해주는 것도 없다. 그러나 뒤집어서 생각하

* 로자 파크스Rosa Parks(1913~2005)는 미국의 인권 운동가로, 미국 의회로부터 "현대 인권운동의 어머니"라는 찬사를 들은 인물이다. 1955년 12월 1일 버스에서 백인에게 자리를 양보하라는 버스 기사의 지시를 거부해 경찰에 체포당했다.

면 이보다 더 반가운 이야기가 또 있을까. 우리는 불평만 늘어놓지 않고 언제라도 행동에 나설 결심을 할 수 있다! 저항은 이른바 '역사적 순간'을 기다리지 않으며, 스스로 빚어낸다. 바로 그래서 로자 파크스는 좀 더 일찍 실패를 두려워하지 않고, 실패로부터 배우려는 자세로 저항에 나서지 않은 것을 후회한다. 성공적인 저항은 습관이라는 타성에 젖은 우리의 사고방식을 뒤집는 많은 특성을 보여준다. 승리를 위해 우리는 일단 패배할 줄 알아야만 한다. 마하트마 간디는 이런 말을 했다. "그 어떤 사소한 잘못을 저지르지 않았음에도 갇혀 있다는 것, 이 사실이 우리 승리의 비결이다."

우리가 알아야만 하는 저항의 방법은 대개 '아 이런 거야' 싶을 정도로 놀랍고 복잡하기는 할지라도, 양자물리학만큼은 아니다. 바로 그래서 이 책은 두꺼워질 필요가 없었다. 물론 이 책은 앞서 언급한 간디, 파크스, 킹 주니어와 같은 위대한 저항 투사가 역사에 남긴 발자취를 따라간다. 앞서 인용한 하비 밀크와 그가 살해당한 사건을, 세르비아의 대학생들이 유럽의 마지막 독재자 가운데 한 명과 맞서 싸운 이야기를, 우크라이나 국민이 벌인 성공적인 '마이단'*을 이 책은 살펴본다. 관련 연구를 참조하고, 존 롤스, 한나 아렌트, 위르겐 하버마스와 같은 철학자와 더불어 생각해보고, 어떤 유명한 연구가 밝혀낸 마법의 주문 같은 "혁명의 3.5%"가 무얼 말하는지 알아본다. 이로써 우리는 무

---

엇보다도 우리 자신이 어떤 존재인지 많은 걸 배울 수 있으리라.

각자의 정치적 입장과 색채가 다르지 않나 고민할 필요는 없다. 무엇을 위해 저항하는지 목표를 유념하고 시야에서 잃지 않으려 노력한다면, 목적을 이룰 조건과 방법은 자연스레 찾을 수 있기 때문이다. 바로 그래서 나는 이 책에서 다음의 물음을 만족시킬 답을 찾아보려 노력했다. 우선, 정치와 사회를 바라보는 우리의 태도는 왜 뿌리부터 철저히 바꾸어야만 할까? 이런 심오한 변화는 무엇을 요구할까? 이런 변화는 어떻게 해야 이뤄질 수 있을까? 그리고 나는 늦게나마 저항을 위한 행동에 나서자고 마음 먹은 나의 결심이 얼마나 큰 행운이었는지 깨달은 이야기를 들려줄 생각이다. 이런 결심과 더불어 우리는 위대한 인물이 남긴 발자취를 따라간다. 노동조합, 여성 참정권, '모두를 위한 결혼(동성결혼 합법화)' 등 우리 시대의 많은 커다란 성취는 입법권력의 호의로 주어지지 않았다. 이는 저항하는 이들이 꾸준히 목소리를 내며 힘을 키워왔기에 이룩된 결과물이다. 저

---

\*   본문에서 언급된 마지막 독재자는 슬로보단 밀로셰비치Slobodan Milošević이다. 그는 2000년 10월 5일 시민 운동의 시위로 실권했다. 마이단Maidan(또는 '유로마이단Euromaidan'이라고도 한다)은 2013년 우크라이나에서 유럽 연합과의 통합을 지지하는 국민이 벌인 시위이자 시민 혁명이다. 시위는 당시 대통령 빅토르 야누코비치Viktor Yanukovych의 정권을 무너뜨리는 데 성공했다. '마이단'은 본래 도시의 녹지 광장을 이르는 명칭이다.

항을 주로 연구해온 독일의 사회학자 디터 루흐트는 심지어 이런 주장까지 했다. "저항하지 않는다면, 우리는 자유민주주의를 누릴 수 없다. (……) 저항은 대의제 민주주의가 올바른 길을 갈 수 있게 강제한다."[2] 저항은 세상을 더 낫게 만들 더욱 많은 것을 강제할 수 있지 않을까? "나에게는 꿈이 있습니다I have a Dream"라는 말과 함께 평화로운 시위로 마틴 루서 킹 주니어는 역사의 흐름을 바꾸었다. 독자 여러분의 꿈은 무엇인가?

혹시 악몽일까? 이 책을 되도록 구체적인 참상을 염두에 두고 읽었으면 하는 것이 나의 바람이다. 곳곳에서 부정부패 탓에 벌어지는 부조리한 사건을 떠올려보자. 이를테면 터무니없이 예산을 삭감하는 바람에 망가질 대로 망가진 사회복지시설이라든가, 탈세를 목적으로 기업이 녹지대에 엉뚱한 건물을 짓는 작태, 급식이 제대로 이뤄지지 않아 영양실조에 시달리는 아이들, 국경에서 죽어가는 난민 또는 소수 인종을 괴롭히는 노골적 차별 따위 말이다. 부당한 일을 떠올리며 공분을 자아낼 수 있으면 좋겠다는 생각에 나는 이 책에 구체적 행위를 연상할 수 있는 제목을 고민해보기도 했다. "이 책으로 창문을 깨자."(거대 정유사나 폭리를 일삼는 대기업의 창문) 또는 "이 책을 국회의원 발 앞에 던지자." 그러다가 문득 공격적인 악담은 이미 넘쳐날 정도로 많지 않나 하는 생각이 들었다. 맞다, 지금 우리는 더 나은 미래를 위한 투쟁을 한다고 하기 무색할 정도로 악담과

음해가 넘쳐나는 잘못된 싸움에 빠져들고 말았다. 하지만 희소식은 있다. 우리는 지금껏 제대로 된 싸움은 시작조차 하지 않았다. 지금이라도 힘을 합치면 이 싸움은 얼마든지 좋은 결실을 거둘 수 있다. 다만 우리는 어떻게 해야 올바로 싸울 수 있을지 그 방법을 아직 모른다. **저항은 어떻게 해야 실제로 효력을 낼까?** 다시 말해서 확실하게 힘을 발휘할 저항의 방법은 무엇일까? 평화로운 저항은 대개 즉흥적이고 자발적인 행동으로 이해되며 손바닥 뒤집듯 세상이 바뀌는 일은 드물기에, 사람들은 그런 방식이 현실에서 무력하다고 생각한다. 이런 생각과 반대로 이 책은 평화 투쟁을 근본적인 차원의 냉철한 전략으로, 공동체의 효과적인 역량 강화 방식으로, 지혜로운 정치 참여 도구로 바라보고자 한다. 저항은 이를 위한 만남의 장을 마련해주는 구실을 해야 마땅하다. 저항운동에 모이는 각 개인이 무엇을 해낼 수 있는지 더 잘 이해할수록, 그 각각의 개인은 더 큰 힘을 발휘한다. 이 책을 읽을 독자 여러분도 그렇게 실제로 힘을 발휘할 수 있게 되기를 나는 희망한다.

청컨대, 이 책을 탐색의 시도, 여러 물줄기의 호기심이 모여 이룬 저수지, 그리고 무엇보다 일종의 요리책으로 읽어준다면 더 바랄 나위가 없다. 바꿔 말해서 나는 훌륭한 요리, 즉 참고할 만한 저항의 모델에 사용된 방식을 이 책에 담아냈을 뿐이다.

요리가 정말 맛이 좋을지, 사람의 마음을 사로잡을 진정한 힘을 발휘할지, 이런 물음의 답은 독자 여러분이 손수 팔을 걷어붙이고 요리를 해보아야만 알 수 있으리라. 장담컨대, 책을 읽고 난 뒤 독자 여러분은 다음 파티를 위한 사례와 논증을 더욱 풍부히 저장고에 쟁여놓을 수 있다. 그리고 무엇보다도 적극적으로 저항하지 않은 이유를 둘러댈 핑계와 변명은 현저히 줄어든다. 나중에 이 경고를 보지 못했다고 불평은 하지 않으시기를.

# I.
# 파도처럼
# 밀려온다

"그것은 제가 알기로는, 에, 그러니까 즉시, 바로 효력을 발휘합니다." 이 말은 1989년 11월 9일 동독 사회주의통일당Sozialistische Einheitspartei Deutschlands, SED의 정보부 장관 귄터 샤보프스키Günter Schabowski가 기자회견에서 한 발언으로 역사에 하나의 마침표와 새로운 출발점을 알린 신호탄으로 기록되었다. 독일 공영방송 9시 뉴스의 앵커 요아힘 브라우너Joachim Brauner는, 당시 전후사정을 잘 알지 못한 채 엉겁결에 동독 정부 수뇌부가 내린 여행 자유화 결정이 즉시 발효된다고 발표해 버린 샤보프스키의 발언이 불러온 극심한 혼란을 간결하면서도 세련되게 정리해 방송했다. "SED' 정치국 위원 샤보프스키의 말에 따르면 동독에서 탈출하기를 원하는 국민은 더는 체코슬로바키아를 경유하지 않아도 된다고 합니다."[1] 방송이 나가고 얼마 뒤 동독 국민은 베를린 장벽으로 몰려들어 장벽을 타고 넘었다. 본Bonn의 독일 의회에서 독일 국가가 울려 퍼졌다. 이 사건은 독일민주주의공화국(동독) 종말의 시작이었다.

무슨 일이 일어났던 걸까? 1953년 사회주의 계획경제가 강제한 노동 강도 상향 조정에 반대해 일어나 민주주의 강화와 독일 통일 요구로 번진 군중 봉기 때와 견주어 볼 때, 1989년 여름의 정치 상황은 맥락이 전혀 달랐다. 몇십 년에 걸친 냉전 끝에 서구 국가들은 정치적으로나 경제적으로 승리를 구가했다. 반면, 동독을 비롯한 사회주의 국가들은 파산 직전에 내몰렸다.

공산권의 맹주 소비에트연방은 이들 국가를 '바르샤바 조약기구'로 묶어놓을 능력도 의지도 없었다. 이런 불안정한 상황 속에서 동독의 여러 도시, 특히 라이프치히에서 수천 명의 사람들이 거리를 행진하며 시위를 벌였다. 시위는 주기적으로 열리면서 갈수록 열기를 더해갔다. "우리가 국민이다Wir sind das Volk" 그리고 "폭력은 안 된다!Keine Gewalt!"라는 구호를 외치며 1989년 9월 3일 월요일에 라이프치히의 니콜라이 교회 앞에 운집한 시위 군중은 처음으로 비민주적 국가에 마침표를 찍자고 공개적으로 요구했다. 월요일마다 모여 '월요 시위Montagsdemonstrationen'라는 이름을 얻은 저항운동은 동독 정부에 불만을 품은 사람들의 집결지가 되었다.

'월요 시위'는 라이프치히뿐만 아니라, 드레스덴, 할레, 카를마르크스슈타트, 마그데부르크, 플라우엔, 아른슈타트, 로스토크, 포츠담, 슈베린에서도 열기를 더해갔다. 초조해진 정권은 불안에 시달리면서도 무력을 투입할 엄두를 내지 못했다. 동독에 주둔했던 소련군 역시 막사에만 머물렀다. 라이프치히에 10월 2일 2만 명이, 10월 9일에는 7만 명이 운집했다고 《함부르크 석간Hamburger Abendblatt》은 보도했다. 시위대는 표현의 자유와 정치 참여 그리고 SED 정권의 종식을 요구했다. 라이프치히에서는 10월 16일에 12만 명, 10월 23일에는 25만 명, 10월 30일에는 30만 명이 넘는 시민이 거리를 행진했다. 오랜 세월에 걸쳐 쌓인 불만에도 시위대는 당시 정세를 현명하게 이용해 진정 평화로운 혁명을 성공시켰다.

이런 대규모 시위, 1989년 동독에서 볼 수 있던 이른바 "발로 한 투표"를 의심할 바 없이 "저항"이라 부를 수 있지만, 우리는 당시의 시대적 배경과 구체적인 방법을 더욱 자세히 들여다볼 필요가 있다. 동독의 시위는 저항이 어떻게 이루어지는지 매우 흥미로운 지점을 보여주는 사례다. 먼저 정치체제라는 배경부터 살펴보자. 민주주의 체제에서 일어나는 저항과 권위적 정권에서 일어나는 저항은 당연히 근본적으로 다르다. 민주주의는 저항을 금기시하지 않으며, 극단적 행태로 번지지만 않는다면 용인한다. 과격한 저항은 논란의 대상이 되며, 때론 사회를 어지럽히는 '테러리즘'으로 평가절하되기도 한다. 반면 권위적 정권은 저항을 아예 금지한다. 집회의 자유, 모든 민주주의 국가가 기본권으로 인정하는 집회 자유를 권위적 정권은 찍어 누른다. 바로 그래서 동독의 '월요 시위'는 매우 특별하다. 권위적 정권의 폭압에 굴하지 않은 시민의 용기가 얼마나 큰 영향력을 발휘하는지 여실히 보여주기 때문이다. '월요 시위'는 당시 동독이 처한 암담한 상황을 겨눈 정치적 불만만 토로하는 데 그치지 않았다. 억압적인 체제 자체에 품은 철학적인 불만, 인간을 최우선으로 중시하는 휴머니즘을 짓밟는다는 불만이 '월요 시위'에 힘을 실어준 결정적 배경 요소이다. 권위적 정권에서 저항은 항상 목숨을 걸어야 하는 투쟁이기에, 인권을 짓밟는 권력을 말과 글로 고발하기도 한다. 다시 말해서 권력을 겨눈 비판 역시 저항의 방법이다.

반면, 민주주의 체제 안에서 시도되는 모든 저항은 일종의 민주적 권리 행사이다. 따라서 저항을 할 때도 최소한 체제만큼은 인정한다는 암묵적 동의가 밑바탕에 깔려 있다. 물론 예외는 존재한다. 민주주의가 허락한 저항권을 악용해 민주주의 체제 또는 민주주의의 근본 가치를 공격하는 극단 세력이 그런 예외이다. 공공선 따위는 무시하고 터무니없는 음모론을 주장하는 사람들이 '코로나 팬데믹' 동안 벌인 시위와 그 정점인 2020년 8월 28일 '독일 의회 습격'을 생각해보라. 또 매년 아돌프 히틀러의 생일과 같은 역사적 날짜에 네오나치가 벌이는 거리 행진 따위나. 이에 반해 평화적 형태의 시위는 투명성과 개방적 대화와 같은 민주주의 원칙을 반드시 지키려 하며 그 요구 사항을 민주적으로 관철하려 노력한다.

"저항은 무슨 입문 세미나가 아니다." 독일 사회학자 아르민 나세히는 자신의 책 『위대한 부정: 사회적 저항의 고유 동력과 비극』에 이렇게 썼다.[2] 대학교에서 신입생을 대상으로 하는 입문 세미나처럼 교수가 이끄는 대로 따르기만 하면 좋은 성적이 나오는 것이 저항일 수는 없다고 나세히는 설명한다. "저항은 왜곡된 현실을 바로잡으려는 노력이라는 점에서 긍정적 성격을 가지기는 한다. 그러나 의회의 표준적인 절차에 따라 저항의 정치적 목표가 실현될 수 없다는 점에서, 저항은 위대한 부정일 따름이다." 저항은 구체적 해결책을 요구하기보다 추상적 구호를 외치기에 구체적 결과를 끌어내는 경우가 드물다고 나세히는 덧붙인다. 저항하는 이들은 "거부권을 행사한다는 듯이 말하지만, 현실에서 이런 거부권은 존재하지 않는다". 나세히 논리의 요지는 저항의 힘이 현실을 부정하는 자세에서 나올 뿐, 구체적 성과를 내기는 힘들다는 것이다. 그러나 저항이 매우 구체적인 요구를 관철한 역사적 사례는 헤아리기 힘들 정도로 많다. 이런 사례를 면밀하게 연구해보면, 언제 어떤 저항이 별 성과 없이 잦아들었는지, 언제 어떻게 저항이 고조되며, 언제 구체적 성과를 끌어내는 데 성공하는지 그 단서를 찾을 수 있다.

저항이 일어난 그때그때의 배경과 맥락을 살피는 자세와 더불어 저항의 방법 문제도 정밀하게 연구할 필요가 있다. 저항은 수천의 얼굴을 가지고 있으며 시민 불복종 및 반대와 구분하기 힘들다. 아니, 더 정확히 표현하자면 저항은 생각할 수 있는 모든 기술을 구사하는 상위 개념이다. 미국의 전설적인 저항 연구가 진 샤프(1928~2018)가 작성한 유명한 목록은 자그마치 198가지 전술을 담고 있으며 범주별로 정리까지 돼 있다(그 이후 온라인에서 이 목록은 거의 300여 개로 늘어났다). 그 가운데 몇 가지만 꼽아보자면, 철야 농성, 패러디 선거, 평화적 점거, 다양한 유형의 보이콧, 23가지 종류의 파업, 적금 깨기, 오케스트라처럼 지휘자의 명령에 따라 일사불란하게 등 돌리기, 의도적으로 징역 살기, 연좌 시위, 토론회, 다양한 형태의 공공공간 점거 등이 그 대표적 사례이다. 종합적으로 볼 때 시민들은 관습적인 정치 제도와 통로를 우회해 모든 종류의 심리적, 경제적, 정치적 수단으로 권력을 지닌 적에게 저항한다고 진 샤프는 설명한다.[3] 샤프는 저항운동을 선구적으로 연구해온 인물로 전 세계 곳곳에서 자문을 얻고자 찾을 정도로 명성을 인정받았다. 세르비아의 '오트포르Otpor', 조지아의 '카마라Kamara', 우크라이나의 '포라Pora', 키르기스스탄의 '켈켈KelKel', 벨라루스의 '수브르Subr' 및 2011년 2월 대통령 호스니 무바라크의 퇴진을 끌어낸 이집트 혁명의 주도자들은 샤프를 멘토로 삼았다. 그리고 오늘날 '마지막 세대' 또는 '멸종 반란'처럼 화제의 중심에 서 있는 저항운동도 진 샤프를 따르고 있다.[*] 이 운동들은 모두 전통적인 거리 시위보다 훨씬 더 개방적인 수단으로 목표를 이루려는 공통점을 보인다. 그리고 이들은 10년 전부터 표준으로 자리 잡은

---

[*] '마지막 세대Last Generation'(Letzte Generation)은 독일과 오스트리아에서 시작된 기후 저항운동으로 현재 프랑스, 이탈리아, 영국, 폴란드에서도 활발한 활동을 보인다. 2016년 파리 기후협정이 체결된 이후 추진력을 얻었다. '멸종 반란Extinction Rebellion' 역시 기후 운동으로 온난화에 따른 생물종 멸종에 저항하자고 호소한다. 2018년 영국에서 결성되어 전 세계적인 조직망을 갖추었다.

온라인 중심의 조직 운영 방식을 채택하고 있다.

앞으로 살펴보겠지만, 저항의 분석은 항상 미디어 역사의 분석이기도 하다. 1979년 이란에서는 외국으로부터 몰래 들여 온 카세트테이프가 정보를 전달하는 미디어 역할을 했다. 또 카세트테이프라는 매체는 국내의 운동 세력이 외국에서 활동하는 세력과 협력하는 수단이기도 했다. 동독 말기, 하지만 여전히 정권이 미디어를 통제하고 있던 1989년에 교회의 복사기는 시위 참여를 독려하는 전단지를 빠르고 손쉽게 전파할 수 있게 해주었다. 2010년 12월부터 본격적으로 물살을 탄 이른바 '아랍의 봄'은 '페이스북 혁명'이라는 별명을 얻었다. 아프리카 북부 국가의 국민은 정권의 서슬 퍼런 감시를 피하려고 이미 널리 보급된 인터넷을 정보의 유통경로로 활용했다. 클레이 셔키는 2008년에 발표한 책 『끌리고 쏠리고 들끓다Here Comes Everybody』에서 인터넷이 "조직화와 협력"의 방법으로 활용된 결정적 원인을 정보 생산과 전달에 거의 비용이 들지 않는다는 점에서 찾았다. 셔키를 비롯한 많은 네트워크 전문가는 '위키피디아'와 같은 인터넷 기술의 성공적인 활용 사례를 인류의 생활환경이 전반적으로 민주화하는 긍정적 신호로 보았다. 그로부터 족히 15년이 흐른 지금, 상황은 어떨까?

튀르키예 출신으로 미국에서 과학 전문 기자이자 프린스턴 대학교 사회학 교수로 활동하는 제이넵 투펙치는 2017년 발표한 책 『트위터와 최루 가스Twitter and Tear Gas』에서 성공적 저항을 위해서는 디지털 세계와 진짜 세상이 서로 맞물려 작용해야만 한다고 아주 인상 깊게 설명한다. 투펙치는 온라인상에서 이뤄지는 저항운동은 순전히 디지털 "클릭티비즘"*이며, 거기 참여하는 이들은 그저 별 수고와 노력 없이 시위 시뮬레이션을 즐길 뿐이라고 보는 관점을 선입견에 불과하다고 반박한다. 그는 오히려 이른바 '소셜미디어'야말로 운동으로 활발하게 진입하게 만드는 관문이라고 평가한다. "내가 이야기를 나눠본 많은 운동 참가자는 온라인상에서 이뤄지는 운동 참여와 대화가 정치의식에 눈뜨는 계기를 마련해주었다고 입을 모아 말했다."[4] 투펙치는 이 분석을 위해 전 세계적으로 수백 명의 운동 참가자들과 인터뷰를 나누었다. 이를테면 이스탄불의 '게지Gezi 공원 시위', 이집트의 '타흐리르Tahrir 광장 시위'를 비롯해 튀니지와 레바논에서 일어난 시위 참가자를 인터뷰했다.

투펙치는 운동의 "역량"과 "신호"라는 개념을 쓴다. 역량은 말하자면 운동의 '근육', 거리로 불러내 시위나 점거를 벌일 수 있는 추종자의 수를 뜻한다. 얼마나 많은 사람의 호응을 끌어낼 수 있는가가 곧 운동의 진정한 힘이다. 운동의 신호는 이 힘

---

\* '클릭click'와 '운동activism'의 합성어로 인터넷을 활용한 사회 참여를 뜻한다.

을 보여주는 구체적인 행동, 곧 시위, 점유, 보이콧, 파업이다. '소셜미디어'의 출현은 역량과 신호 사이의 관계를 기존과 다르게 바꿔놓았다고 투펙치는 주장한다. 이처럼 변화한 관계를 투펙치는 애드호크라시adhocracy라는 개념으로 표현한다. '그때그때'를 뜻하는 라틴어 'ad hoc'와 '체계'를 뜻하는 '~cracy'를 조합해 만든 '애드호크라시'는 다양한 전문가들이 일종의 '집단지성'을 발휘해 그때그때 맞닥뜨리는 문제를 해결하는 조직 형태를 말하며, 역량을 더 빠르고 직접적으로 신호로 바꿔내는 온라인 저항운동의 특성이다. 간단하게 말해서 이 방법은 디지털 연락망으로 지지자들이 행동에 나서도록 쉽게 동원할 수 있다. 하지만 약점이 없지는 않다. 지역의 지지자를 책임 있는 임원의 자리에 두면서 장기적으로 역량을 키우는 일, 그렇게 해서 든든한 구조를 빚어내는 일, 이 모든 작업은 인터넷이라는 가상공간에서는 어려울 수밖에 없다. "인터넷 이전 시대의 위계질서에 맞춘 까다로운 의사 결정 과정에 익숙해진 사람들은 장기적으로 운동이 저항력을 갖추고 성장하기에 집단의 수평적 의사 결정 과정이 적절치 않다고 보기 때문이다."⁵ '소셜미디어'를 통한 수평적 구조, 탈중심적 구조는 빠른 전파력을 보인다는 점에선 이상적이기는 하지만, 대표성을 가지고 조직을 대변할 수 있는 소통과 협력의 든든한 토대는 제공할 수 없다.

이런 일장일단에도, 또는 바로 이 일장일단 덕분에 오늘날 대부분의 운동은 디지털로 이뤄진다. '미래를 위한 금요일'*의 독일 활동을 이끄는 청년 가운데 한 명인 루이자 노이바우어**는 한 인터뷰에서 이 운동에 참여하는 회원의 모집은 오로지 텔레그램으로만 이뤄지며, 의사 결정을 위한 회의는 줌Zoom에 의존할 수밖에 없다고 털어놓았다.[6] 대부분의 운동은 디지털 공간에서 이루어져, '미투#MeToo'에서처럼 이름에 해시태그를 달고 있기도 하다. 디지털 미디어가 운동의 조직을 그 뿌리부터 철저히 바꿔놓았다는 점은 이제 모두가 아는 바이다. 더 흥미로운 지점은 따로 있다. 소통과 협력에 들어가는 비용, 돈이든 시간과 노력이든 모든 비용이 디지털 기술 덕분에 현격히 줄어들었음에도, 아날로그 운동의 규모와 참가자 수는 늘어나지 않고 있다. "기대에 사로잡히지 않을 수가 없었다." 투펙치는 2010년대 초 페이스북과 트위터의 출현으로 운동의 새로운 가능성이 열린 것을 보며 느낀 감정을 솔직히 인정한다.[7] 디지털로 저항운동에 새로운 날개를 달 수 있으리라 품었던 투펙치의 희망, 많은 사람이 공유했던 그 희망은 안타깝지만 오늘날까지도 이뤄지지 않았다.

---

* '미래를 위한 금요일Fridays for Future'는 기후 변화에 적극적 대응을 요구하는 세계 청소년들의 연대 모임이다. 2018년 8월 스웨덴에서 그레타 툰베리가 국회 앞에서 1인 시위를 벌이며 시작된 운동으로 현재 92개 국가의 청소년이 동참한다.

** 1996년생의 독일 환경 운동가이다. 현재 녹색당 소속의 정치가로 활동하며 각종 비정부기구에 참여하고 있다.

지난 몇십 년 동안 우리 세계는 정말 숨 가쁠 정도로 빠르게 변화해왔지만, 저항운동은 기이할 정도로 변함이 없다. 잠깐 우리가 익히 아는 대중운동의 이미지, 몰려오는 파도를 떠올려보자. 파도는 무수히 많은 작은 입자들, 그 자체로 아무 힘이 없는 입자들로 이루어졌지만, 모든 걸 초토화하는 어마어마한 힘을 발휘할 수 있다. 파도의 이런 힘을 우리는 1989년의 동독에서 목격했다. 그리고 이 힘이 정말로 어떻게 생겨나는지 하는 물음을 두 명의 여성 학자 에리카 체노웨스와 마리아 스테판은 집중적으로 연구했다.* 이들은 오늘날의 전 세계적인 저항운동에서 거의 신비에 가까운 울림을 주는 법칙을 찾아냈다. 그것은 바로 '혁명의 3.5%' 법칙이다.

---

* 에리카 체노웨스는 미국의 정치학자로, 하버드 케네디 스쿨의 공공정책 교수이다. 비폭력 시민 저항운동 연구로 세계적인 명성을 얻었다. 마리아 스테판은 '미국 평화연구소'에서 저항운동을 주로 연구하는 정치학자이다.

# II.
# 혁명의
# 3.5퍼센트

오늘날 비폭력 평화 시위의 최고 전문가로 인정받는 에리카 체노웨스이지만, 이런 명성을 쌓기까지 그녀의 경력은 평화롭다고 보기 힘든 과정을 거쳐야만 했다. 젊었을 때 그녀는 군대에 입대했다. 어느 정도 군인으로 살아본 끝에 그녀는 더는 이렇게 살 수 없다는 결론을 내렸다. "매일 새벽에 일어나 토할 때까지 달려야만 하는 군 생활이 너무도 지겨웠다."[1] 독재에 맞서는 투쟁에 관심이 컸던 그녀는 학자의 길을 걷기로 결심하고, 관련 주제를 다루는 학술회의를 찾아다녔다. 평화와 시위를 연구하는 학자들이 성공적 저항은 정확히 어떻게 이뤄지는지 의견을 나누는 토론을 들으며 체노웨스는 토론장에서 오가는 현란한 말잔치에 어떤 경험적 근거가 있을지 궁금해졌다. 그러나 근거가 되는 데이터가 있는지 묻는 그녀의 질문은 헛기침과 함께 따가운 눈총만 되돌려 받았다. 그래서 그녀는 직접 경험 데이터를 마련하기로 결심하고, 동료인 마리아 스테판과 함께 연구한 끝에 2011년 『비폭력 시민운동은 왜 성공을 거두나?Why Civil Resistance Works: The Strategic Logic of Nonviolent Conflict』라는 제목의 책에 그 성과를 담아냈다.[2] 그녀가 품었던 근본적인 질문은 이것이다. 권위를 앞세운 독재정권에 맞서 평화적 저항과 무장 저항 가운데 어느 쪽이 더 성공적 결과를 끌어낼까? 이 연구를 위해 두 여성 정치학자는 1900년에서 2006년 사이의 저항 사례 316건을 수집해, "성공/성공하지 못함"과 "평화적/폭력적"이라는 기준으로 분류했다. 1989년 동독 붕괴, 1979년 이란 혁명 그리고 1987년 팔레스타인의 '1차 인티파다Intifada'*와 같은 다양한 사건들을 두 학자는 몇몇 특정 기준으로 분류하고 평가했다(이들이 쓴 방법에서 비판받아야 할 측면은 주석에 밝혀놓았다[3]).

연구 결과는 실로 놀라웠다. 평화적인 시위는 폭력을 동원한 시위에 비해 성공률이 두 배를 훌쩍 뛰어넘었다. 이처럼 성공률이 높은 원인을 두 정치학자는 무엇보다도 운동의 접근성에서 찾았다. "사람들은 폭력이 난무하지 않는 운동에 물리적으로나 도덕적으로 별 거부감을 가지지 않기 마련이다. 이런 평화적인 시위는 사람들이 서로 정보를 나눌 장을 만들어주며, 결속을 다질 수 있게도 해준다."[4] 두 연구자는 진입 장벽이 낮아 참가자 규모가 큰 것이 성공의 주요 요인이라고 분석한다. 예를 들어 많은 사람이 함께하기에 참가자들이 지치지 않고 저항을 지속하며, 새로운 아이디어와 전술도 많이 나온다. 또한 일상에서 소소한 규칙 위반과 반항이 늘어나며, 그 결과 정권은 현상 유지를 위해 더 많은 비용과 에너지를 소모한다. 그리고 무엇보다도 정권 지지층이 동요하고 특히 치안을 담당하는 경찰과 군

* 이스라엘의 점령과 만행에 대항해 팔레스타인 사람들이 일으킨 봉기를 이르는 말이다. 1차 인티파다는 1987년에서 1993년까지, 2차는 2000년에서 2005년까지 지속되었다.

대가 정권에 등을 돌리는 것도 평화적 시위의 성공률을 높이는 요인이다. 사회의 심층적 변화를 이뤄낸 비폭력 운동은 장기적으로도 지속적인 민주화에 이바지한다.

　폭력과 비폭력의 대비가 무척 인상적인 결과를 보여주기는 하지만, 체노웨스와 스테판의 연구를 유명하게 만든 것은 다른 발견, 정말 획기적인 발견이다. 저항운동이 성공할지 말지 예측할 수 있는 지표를 찾던 두 연구자는 저 전설의 '3.5%'를 발견했다. 구체적으로 말해서, 전체 인구의 3.5% 또는 그 이상이 참여하는 운동은 언제나 근본적인 혁신을 이루어냈다. 1989년의 동독이 바로 그랬으며, 연구가 관찰한 많은 다른 사례에서도 이 마법의 퍼센티지는 고스란히 확인되었다. 물론 나중에 체노웨스는 2014년 바레인에서 10만 명에서 15만 명, 곧 이 사막 토후국 전체 인구의 6%에서 6.5%가 참여했음에도 시위가 실패로 돌아갔다는 점은 인정해야만 했다. 하지만 이내 그녀는 이 예외적인 상황을 바레인의 인구가 절대적으로 적기 때문에 벌어진 것으로 설명했다. 어쨌거나 분명한 사실은 변화를 성공적으로 이끌어내는 데는 한눈에 파악할 수 있는 규모의 참가자로 충분했다는 점이다. 3.5%는 확실히 소수가 아닌가?

　직관적으로 우리는 권위주의나 이와 유사한 정권을 무너뜨리는 거대한 사회 변화에는 강력한 다수의 저항이 필요하다고 여긴다. 현상 유지를 원하는 정권은 갖은 잔혹한 수단을 동원해 저항을 막으려 하기 때문이다. 극심한 폭압에 맞서 정권을 전복할 수 있으려면, 최소한 근소한 차이라도 과반이 넘는 다수 또는 매우 큰 목소리를 내는 강력한 소수가 떨쳐 일어나야만 정권의 수혜자, 기회주의자, 하수인, 기득권자 세력을 누를 수 있다고 사람들은 믿는다. 체노웨스와 스테판이 찾아낸 3.5%는 이런 믿음이 사실과 다름을 말해준다. 우리의 직관과는 다르게 3.5%의 저항만으로도 충분히 강력한 힘을 발휘할 수 있다. 오늘날 독일 인구의 3.5%는 약 300만 명이다. 300만 명이 몇 달에 걸쳐 시위를 벌인다고 상상해보자. 이 많은 사람이 파업과 점거와 거리의 난상 토론을 벌인다면, 인류 역사상 최대의 시위가 아닐까? 이런 규모의 대중은 상상하기 힘들다. 그렇지 않은가? 또 300만 명이라는 대중은 통제하기 어려워 언제 어떻게 어디로 튈지 몰라 불안하다는 느낌을 반사적으로 불러일으키지 않는가?

프랑스 사회학자로 군중심리학의 창시자인 귀스타브 르봉(1841~1931)은 1895년에 발표한 책『군중심리La Psychologie des foules』에서 대규모 대중은 신뢰하기 힘들다는 부정적 견해를 일찌감치 밝혔다. 그는 이런 논리를 편다. 군중 속의 개인은 생각과 행동을 쉽사리 바꿀 수 있다. 열띤 분위기에 편승해 야만적으로 굴거나, 영웅심리에 사로잡힐 수도 있어 군중 속의 개인이 내리는 판단은 믿기 힘들다. "군중 속의 개인은 수많은 모래알 가운데 하나로, 바람이 부는 대로, 원하는 대로 휩쓸리곤 한다." 르봉이 쓴 문장이다.[5] 이 비유에서 바람은 누구일까? 일설에 따르면 아돌프 히틀러는 르봉의 책을 읽고 군중을 사랑이나 증오 같은 단순한 감정으로 얼마든지 조작할 수 있다고 확신했다고 한다. 르봉 자신은 이른바 "집단 영혼"은 전염성이 강하다고 믿었다. 이런 영혼에 감염된 개인은 사회의 모든 규범을 짓밟고 무너뜨린다.

대중을 보는 이런 비관적 견해는 이후 잊을 만하면 되풀이되곤 했지만, 그보다 더 자주 이를 확실하게 반박하는 반론이 나왔다. 미국 사회학자 클라크 맥페일은 1991년에 발표한 책 『광기 어린 군중이라는 신화The Myth of the Madding Crowd』에서 1967년과 1987년 사이에 있었던 정치집회, 스포츠 행사, 종교 모임에 참가한 개인의 행동을 분석하고 "광기 어린 군중"이라는 말은 근거가 희박한 주장, 일종의 신화에 지나지 않는다고 주장했다.

맥페일은 인간은 충분히 예측할 수 있는 이성적인 행동을 하며, 특히 사전에 조율하고 계획한 정치적 시위에서 이성적으로 행동하려 노력한다고 밝혔다. 물론 폭력을 쓰지 않아야 한다는 기존 규범은 적폐를 척결해야 한다는 새로운 규범으로 흔들릴 수 있다. 이런 식으로 규범은 보충되거나 새로운 내용을 얻기도 한다. 사실 독재자나 그 정권을 보며 침묵만 하던 태도를 깨고 규범을 새롭게 쓰려는 것 자체가 시위의 목적이기도 하다. 하지만 이런 새로운 규범이라 할지라도 일반적으로 사회의 건강한 상식이라는 맥락을 고려하기 마련이다. 예를 들어 흥분한 관중들로 들어찬 축구장과는 달리, 분노한 여러 사람이 함께 행진하는 시위 현장에서는 모욕적인 욕설을 외치지 않는다. 그 상황이 허용하는 규범적 맥락이 다르기 때문이다. 맥페일은 그 밖에도 대중이 폭력적으로 돌변하는 일은 매우 드물다고 확인해준다. 폭력은 주로 정치적으로 극단적인 이들이 저지르며, 거의 언제나 경찰이 행사하는 무력에 맞대응하느라 발생한다. 대중이 집단 심리에 사로잡혀 스스로 먼저 폭력을 쓰는 일은 거의 없다. 시위에 참여한 군중은 그 자리에 함께 있다는 공통점을 갖지만, 연구는 한 자리에 모인 군중이라 할지라도 각 개인의 심리는 저마다 다르며, 또 다를 수밖에 없음을 보여준다. 시위의 목적에 모두 합의하고 있는지도 확실하지 않다. 군중 속에는 그저 관찰자로만 남는 사람, 심지어 적대감을 가지고 방관하는 사람도 끼어 있기 마련이다.

대중 시위의 발생과 그 영향력은 우리가 직관적으로 그렇겠지, 여기는 것 이상으로 복잡하다. 대중 시위 그리고 이 대중을 움직이게 만드는 힘, 곧 대중을 "거리 시위"로, 의회와 방송 카메라 앞으로 나오도록 하는 힘을 이해하고자 한다면, 우리는 이 운동을 좀 더 깊이 들여다보아야만 한다. 바다의 모든 파도가 그보다 훨씬 더 거대한 해수의 조류에서 비롯되듯, 대중 시위 또는 저항의 분출 역시 항상 사회의 저 밑바닥에 흐르는 민심의 주류,

평범한 사람들이 품은 불만의 도도한 흐름이 시발점이다. 그리고 이 불만의 흐름은 객관적으로 명백한 부정과 불의를 일삼는 정권을 향해 분노의 격랑을 일으킬 수 있지만, 나치즘이 '유대민족'이라는 꾸며낸 적을 상대로 하는 끔찍한 대중운동을 성공시킨 것처럼 엉뚱한 곳으로 향하는 일도 얼마든지 벌어질 수 있다.

파도라는 비유는 진보적인 대중운동과 관련해 더욱 중요한 관찰을 하는 데도 알맞다. 해변에서 엄청난 물거품을 일으키는 거센 파도는 모래톱, 암초, 암벽과 같은 장애물에 부딪힐 때만 생겨난다. 노르웨이 정치학자로 평화를 연구한 요한 갈퉁(1930~2024)은 파도라는 비유를 정치 문제에 적용하며 '구조적 폭력'이라는 개념을 창안했다. 불의와 부정을 일삼고 차별을 조장하는 정권이라는 구조를 해변의 장애물, 이를테면 암초와 암벽이라고 상상해보자. 저항운동의 물살은 이 장애물과 부대끼며 마찰을 일으키면서 강력한 파도로 커진다. 갈퉁은 폭력을 "잠재력과 현실 사이의 간격을 더 멀리 떨어뜨리는 것, 또는 간격을 좁히려는 노력을 어렵게 만드는 것"이라고 정의한다.[6] 이런 구조적 긴장(또는 폭력)은 대안을 찾게 만든다. 사회가 이런 대안을 가로막는 건 대안을 수용하고 실행할 역량이 부족하다는 사실을 드러내는 셈이다. 이처럼 심각한 결함으로 대중의 도도한 요구를 가로막을 때 이 사회를 쓸어버리는 거대한 파도가 일어난다. 사회의 심층에 흐르던 거대한 요구는 변곡점을 맞이하기 무섭게 대중의 폭발적 에너지를 끌어낸다. 다만, 이 변곡점에 이를 정도로 사람들이 적극적으로 활동하는 일이 드물 뿐이다. 왜 그런지, 나 자신의 경험담을 이야기해보겠다.

지금도 선명하게 떠오르는 어린 시절의 기억 가운데 하나는 내가 경험한 첫 시위 현장이다. 부모님은 아직 꼬마인 나와 형제자매를 데리고 원자력 반대 시위 현장을 찾았다. 이상한 사투리를 쓰는 수염 난 어른들이 무리 지어 있었고, 어머니는 사람들이 우리 가족처럼 버스를 타고 "온 가족이 함께Kind und Kegel" 왔다고 말씀하셨다. 이 일을 기억하는 이유는 그때 내가 어머니의 "원뿔Kegel"이라는 표현에 두 눈을 동그랗게 뜨고 주변을 살폈지만, 주변에는 아이Kind만 있고 가지고 놀 만한 원뿔은 전혀 보이지 않아 실망했기 때문이다.＊ 그리고 둘째, 그 시위는 내 인생의 첫 번째 시위였기에 어제 일처럼 생생하다.

그로부터 10년이 지나서 우리는 1990년대 초 로스토크, 호이어스베르다, 묄른에서 인종차별 테러가 저질러졌다는 충격적인 소식을 듣고 비로소 '극우'를 막아야 한다는 목소리를 냈다. 물론 우리는 이 '극우'가 저 먼 변두리 도시들에서 화염병을 던지

---

＊ Kind und Kegel은 "온 가족이 함께"를 뜻하는 숙어다. 원래 중세 독일어에서는 "친자식Kind과 사생아Kegel를 모두 데리고"라는 뜻으로 썼는데, 현대 독일어에서 Kegel은 사생아라는 뜻이 사라지고, 원뿔이나 볼링 핀을 뜻하는 단어로만 쓰인다. 원문의 표현은 어머니 말씀을 아이가 곧이곧대로 들었다는 의미이다.

는 행위 외에 무엇을 뜻하는지 잘 몰랐다. 조지 W. 부시의 미국 정부가 2003년 이라크를 침공하기 위해 군대를 보냈을 때, 우리는 참전하지 않기로 한 슈뢰더/피셔 정부* 덕분에 최소한 독일 국가 차원에서 이 전쟁에 반대하는 목소리를 분명하게 낼 수 있었다. 하지만 그때 나는 이것이 아마도 역사상 최대 규모였을 반전 시위의 한 부분이었다는 점은 미처 알지 못했다. 당시 부시의 전쟁에 반대하려고 전 세계적으로 800여 개의 대도시에서 1200만 명의 사람들이 거리로 나와 전쟁은 안 된다고 외쳤다. 그보다 전에 원래 모두 무료로 다닐 수 있었던 대학교 수업료 도입을 반대하는 시위도 있었다. 2000년대 중반에 대학교 등록금이 도입되었을 때, 대학 신입생이었던 우리는 집회와 구호로 등록금 도입을 저지할 수 있다고 목청을 높이는 몇몇 학생의 주장을 그저 웃어넘겼다. 그들이 하는 말에 동의하기는 했지만, 돕고 싶지는 않았다. 우리가 반대해봐야 어차피 별 수 없는 일이라고 생각했다. 아무튼 나의 청소년 시절 독일 사회의 이른바 중도층, 사회민주주의 성향이 강했던 중도층은 교육 같은 문제는 국가가 책임지고 무료로 베풀어야 한다는 점을 최

---

\* 슈뢰더의 사민당과 피셔의 녹색당이 이룬 연정을 이르는 표현이다. 독일은 어느 정당이 독자적으로 집권하지 못하며, 다른 정당과 연합하여 연립정부를 구성한다. 당시 게르하르트 슈뢰더는 총리, 요시카 피셔는 외무장관을 맡았다.

소한의 합의로 여겼다. 1990년대를 거치며 성장한 우리 세대는 대개 정치에 관심이 없거나, 정치를 혐오했으며, 9·11테러 이후에도 세상은 그럭저럭 굴러간다고 믿었다. 내가 다시 거리로 나가 시위에 동참하기까지는 10년이 걸렸다.

　나중에는 정치에 정말 무관심했다는 것보다 정치를 비판적으로 바라보며 건설적 대안을 제시할 능력이 턱없이 부족하다는 것이 더 괴로웠다. 벤 킹슬리가 마하트마 간디를 연기한 간디의 전기 영화에서 간디의 비폭력 호소는 많은 이에게 감동을 주었으며 영화는 여덟 개의 오스카상을 받았다. 간디의 지혜로운 전략은 놀라우며 찬사를 받아 마땅하다. 하지만 그런 비폭력 저항이 우리와 무슨 관계가 있을까? 적어도 영화를 보았을 당시 나는 잘 모르겠다는 생각만 했다. 나를 비롯해 모든 사람에게 교육의 기회를 활짝 열어주는 국가에 태어난 특권을 누리며 여러 쓸모 있는 지식과 몰라도 그만인 지식을 차곡차곡 쌓은 덕에 나는 교양인 행세를 하곤 한다. 하지만 나의 이런 교양과 지식이 불의와 맞서 싸우는 데 어떤 도움을 줄까? 내가 배운 일반적인 교양 교육에는 정말 큰 구멍이 있는 셈이다.

　이런 구멍이 있는 이유는 아마도 내가 태어났을 때는 서구 민주주의 국가에서 대중 저항의 시대가 끝났기 때문일지도 모른다. 내가 태어난 1981년만 해도 본Bonn 중심가의 호프가르텐 공원에서 30만 명이 시위를 벌였다. 나는 이 기록을 보며 무척 놀랐다. 마찬가지로 1982년의 미국에서는 원자폭탄을 반대하는 시위가 뜨거운 열기를 내뿜었다. 뉴욕에서만 100만 명이 시위에 참여했다. 물론 당시 반핵 시위가 벌어졌던 거의 모든 국가는 여전히 원자폭탄을 보유하고 있다. 그럼 그런 유례없는 대규모 시위도 결국 소용없는 것일까? 그렇게 지레짐작하기 전에 이런 단순한 물음에서도 우리는 두 상반된 방향을 고려해야만 한다. 물론 국제적인 핵무장 경쟁은 여전히 조용히 진행되고 있다. 세계평화를 이루기 위해 갈 길은 아직 멀기만 한 것도 사실이다. 하지만 그런 저항운동이 목소리를 낸 덕에 초강대국 사이의 군축 협정이 체결되어 준수되고 있는 것도 분명한 사실이다.

대중 저항의 역사에는 이처럼 양면성을 보여주는 사례가 얼마든지 있다. 1970년 4월 22일 '지구의 날'*을 맞이해 2000만 명의 미국인이 환경 보호를 외치며 행진했다. 이것은 인류 역사상 최대 규모의 시위 가운데 하나이다. 이런 대규모 시위에도 이후 몇십 년 동안 환경 파괴는 거침없이 자행되었고, 이산화탄소 배출은 하루가 다를 정도로 늘어나기만 했다. 2015년 파리에서 열린 제21차 유엔 기후변화협약에서 195개 국가는 평균기온이

---

* '지구의 날Earth Day'은 1969년 1월 28일 캘리포니아 산타바바라에서 벌어진 원유 유출 사고를 계기로 제정된 기념일이다. 해상에서 폭발물을 이용해 원유 시추를 하다가 10만 배럴 이상의 원유가 유출된 이 사고는 세계에 큰 충격을 주어 환경 문제를 각성하게 하는 계기가 되었다.

1.5℃ 이상 오르지 않게 행동하기로 합의했다. 그리고 이 협약은 2016년 독일 의회에서 만장일치로 인준되었다.[7] 국제 정상회의에서 이런 의결을 했지만, 2018년 여름부터 '미래를 위한 금요일'과 같은 운동은 전 세계적으로 시위를 벌이며 이 약속을 지키지 않고 있다고 거세게 항의했다. 2019년 대규모 시위가 벌어진 뒤 독일 연방정부는 첫 기후 보호 법안을 제정했다. 이 법은 규모와 내용에서 나무랄 데 없을 정도로 포괄적이었다. 하지만 이후 법은 슬그머니 완화되며, 그저 부분적으로만 실행되었다. 2021년 독일 연방헌법재판소는 '미래를 위한 금요일'의 입장을 전폭적으로 받아들여, 기후 보호법은 미래 세대의 자유를 충분히 보호하지 못하며 깨끗한 환경을 누릴 미래 세대의 권리를 침해하기에 헌법 정신에 위배된다고 판결했다. 2021년 새 정부가 선출되었지만, 2016년부터 발효 중인 법조차 제대로 준수하지 않으며 법이 정한 책임을 회피하기만 한다. 바로 그래서 다시 수십만 명이 거리로 나오기 시작했다.

저항, 특히 대중 시위라는 형태의 저항은 목표를 정해놓고 뛰는 달리기 시합이 아니다. 오히려 저항은 일종의 춤이다. 앞으로 갔다가 뒤로 가고, 옆으로 빠졌다가, 빙글빙글 원을 그리고 도는 춤. 저항은 권력자에게 사람들이 무엇 때문에 불만을 품고 움직이는지, 이런 민심을 읽지 못하면 어떤 일이 일어날지 알려준다. 하지만 저항은 정치가에게 아무것도 강제할 수 없다. 나는 여기서 저항이 어떻게 작동하고 성공하는지 그 객관적 작동 원리를 파악하고자 하지만, 솔직히 말하자면 그런 것은 없다. 이렇게 하면 저항이 성공한다고 보증하는 확실한 인과관계나 이 정도 모이면 다른 것은 저절로 잘 굴러가는 마법 같은 숫자나 임계 질량 같은 것은 없다. 저항의 성공은 언제나 무엇을 위한 저항인지 그 정의와 맥락에 크게 좌우된다. 저항을 일으켜 세우는 것만으로도 이미 부분적으로는 승리다. '미래를 위한 금요일' 운동이 벌어지기 전에 시위는 이미 철 지난 수단, 한물간 방법으로 여겨졌다. 그러다가 그레타 툰베리라는 스웨덴 여학생이 출현하면서 시위는 전 세계적인 청소년 운동으로 발돋움했다. 물론 어느 진영에서 보느냐에 따라 성공 스토리인지 혹은 또 하나의 실패 사례인지 평가가 엇갈리기는 한다. 하지만 툰베리는 대중 저항이라는 수단으로 의심할 바 없이 확실한 성취를 이루었다. 그녀 덕분에 기후 보호라는 문제는 대중의 뇌리에 또렷이 각인되었으며, 사회가 시급히 다루어야 할 핵심 안건의 지위에 올라섰다.

이 효과는 객관적으로 측정될 수도 있다. 2020년에 발표된 '아리아드네 분석Ariadne-Analyse'이라는 이름의 연구 보고서는 기후 문제를 중시하는 국민의 의식이 현격히 높아졌다고 밝혔다. 이런 증가 추세는 정확히 '미래를 위한 금요일'이 활동한 시기와 딱 맞아떨어진다. 또 구글의 검색어에서도 기후 보호는 폭발적 증가세를 보였다. 이에 더해 다양한 '미래를 위한~'이라는 이름의 다양한 운동 단체가 심리학자, 과학자, 학부모 사이에 결성되고 가지를 쳐나가며 괄목할 만한 네트워크를 형성했다.[8]

극단 세력에 반대하는 대중 저항의 효과 역시 측정할 수 있다. 특히 극우 세력에 반대하는 시민 저항운동은 2024년 1월 독일에서 역사의 유례를 찾아볼 수 없을 정도로 뜨겁게 달아올랐다. 그동안 극단 세력을 꾸준히 비판해온 운동으로 대중의 문제의식이 그만큼 커진 덕분이다. 2020년 이탈리아에서 마테오 살비니Matteo Salvini가 이끄는 네오파시즘 정당 '라 레가La Lega'('동맹'이라는 뜻)에 대항해 일어난 시위를 다룬 연구도 비슷한 효과를 확인했다. '사르데냐'라는 이름의 초당파적 운동은 선거를 앞두고 에밀리아로마냐 지역에서 주기적으로 대규모 시위를 조직하며 파시즘이 다시는 발 붙이지 못하게 해야 한다고 외쳤다.* 그 결과 그 지역에서 '라 레가'는 다른 지역에 비해 4% 더 낮은 득표율을 거두며 패배했다(다른 대부분 지역에서는 30%가 넘는 득표를 했다). 이 현상을 연구한 학자들은 '사르데냐' 운동이 유권자에게 세 가지 강력한 신호를 주었다고 진단했다. 첫째, 민주

---

\* '사르데냐 운동'은 이탈리아에서 일어난 풀뿌리 운동으로 극우 포퓰리즘을 경계하고 저항하는 목표를 표방한다. 사르데냐Sardine는 정어리를 뜻하며, 정어리처럼 하나하나의 덩치는 작지만 무리를 이루어 큰 힘을 발휘한다는 걸 의미한다.

주의 사회는 극우에게 표를 주지 않는다는 규범적 확인이다. 둘째, '라 레가'가 어떤 목적을 추구하는 정당인지 낱낱이 정보를 캐내 그 실체와 부정적 영향을 정확히 알리는 신호를 운동은 꾸준히 발신했다. 셋째, '라 레가'에 반대하는 공감대가 사회에 폭넓게 형성되어 있다고 알림으로써 이 정당에 표를 주어봐야 사표가 될 거라는 생각을 심어주었다. 2002년 프랑스의 극우 정당 '국민전선Front National'에 반대해 벌어진 대중 시위를 다룬 연구도 이탈리아와 비견할 만한 결과를 보여준다.[9] 이런 사례는 얼마든지 들 수 있다. 물론 성공이냐, 실패냐 하는 차이는 있다. 이를테면 2022년 이스라엘에서 비민주적인 사법개혁에 반대하기 위해 수백만 명이 거리 행진을 하며 거센 시위를 벌였다. 이 시위는 앞서 말한 3.5%를 가볍게 넘어섰음에도 실패했다. 반면, 2024년 초에 독일에서 일어난 농민 저항은 몇 안 되는 농민이 참여했음에도 거세게 저항한 끝에 매우 빠른 속도로 정부의 정책 전환을 끌어냈다. 물론 300만 명이라는 대규모 시위대가 매일 거리에서 행진한다면, 민주적 정당성을 가진 정부는 결국엔 시위대의 요구를 받아들일 수밖에 없다. 하지만 단지 몇 명이냐 하는 숫자만으로는, 저항의 성공을 무엇으로 정의하든 간에, 그 성공 여부가 보장되지 않는다.

우리는 숫자로 나타나는 양이 아니라, 질의 측면에 초점을 맞춰 그 다양한 차원을 살펴야만 한다. 이를 살피기에 앞서 우리는 어떤 종류의 저항이 매력적이며, 왜 그런지 더 잘 이해할 필요가 있다. 오늘날 어떻게 해야 사람들이 거리로 뛰쳐나올까? 2023년 가을 나는 베를린에서 루이자 노이바우어와 만나 이야기를 나누었다. 노이바우어는 2019년 여름 '미래를 위한 금요일' 시위에 120만 명을 불러냄으로써 독일에서 일어난 최대 규모의 기후 보호 시위를 성공시켰다. 이 책을 쓰는 데 참고하려고 나는 그녀와 인터뷰했다. 그녀는 나의 물음에 명확한 답을 주었다. "답은 간단해요. '포모'가 그 비결이죠." '포모'는 영어의 'fear of missing out'의 머리글자를 따 만든 약어(FOMO)로, '뭔가 놓치고 싶지 않은 두려움'을 뜻한다. "사람은 의무감이나 습관, 정치적 입장 표현으로 시위 현장을 찾지만, 그냥 친구와 함께 있고 싶어 참여하는 때도 많아요." 노이바우어의 설명이다. "하지만 제가 보기에 정말 결정적인 시점은 사람들이 시위 현장을 '찾지 않으면' 뭔가 놓치는 게 아닐까 하고 느낄 때 찾아옵니다. 무슨 구체적인 사건일 수도, 정치적으로 중요한 사건일 수도 있는 그 무엇을 말이죠. 역사를 쓰는 현장을 놓치고 싶지 않은 거예요."

폐쇄적인 사회와 그 강압적인 정치로 생겨나는 도덕적 상처와 부정적인 감정을 우리는 주로 언급하지만, 적극적인 저항이 선물하는 긍정적 감정과 그것이 주는 심리적 이점은 자주 간과되곤 한다. 노이바우어가 말하는 '포모'의 경험은 독일 사회학자 안드레아스 레크비츠의 분석과 딱 맞아떨어진다. 레크비츠는 오늘날 개인은 "유일한 경험", 곧 쉽게 하기 힘든 "고유한 문화 가치"를 약속해주는 집단이나 행사에 적극적으로 참여한다고 설명한다. 놓치면 다시 하기 힘든 일이 벌어질 때 그 일을 놓치면 안 될 것 같은 두려움이 생겨난다. 그리고 독특하고 유일한 경험은 대중 시위와 같은 아주 특별한 사건에서 맛볼 수 있다. 레크비츠는 이런 경험을 하는 대중을 "독특한 단일 집단"이라 불렀다. "독특한 단일 집단은 실천 전략뿐만 아니라, 스토리와 상상력도 함께 공유"하며 밀도 높은 감정을 맛본다.[10] 함께 노래 부르고, 구호를 외치며, 행진하면서, 악당을 비난하고, 영웅을 숭배하며, 좋은 미래를 상상하는 꿈을 서로 나누면서 우리는 가슴 뜨거워지는 감격을 경험한다. 이 꿈이 조금이라도 현실에서 실현될 때, 우리는 그 감격을 절대 잊지 못한다. 성공적인 저항, 확실한 정치적 변화를 이끌어내고, 역사책에 기록되거나 최소한 일간지 전면을 채운 저항에 동참했다는 기억은 이 저항을 "유일무이한 사건", 단 한 번뿐인 특별한 사건으로 만든다.

저항으로 얻는 또 하나의 정서적 만족감은 미국 사회학자 데브라 프리드먼과 더그 맥아담이 1960년대에 미국의 인종 분리 정책에 대항해 연좌 농성을 벌였던 대학생들을 인터뷰하면서 발견했다. 이 두 학자는 당시의 운동이 마치 "열병처럼" 미국의 남부 주들을 휩쓸었다고 썼다. 당시 대학생들은 운동 참여를 당연히 지켜야 하는 규범처럼 여겼는데, 이는 비유하자면 기독교인이 교회에 출석해 드리는 예배를 신앙의 의무로 여기는 태도와 다르지 않았다. "운동가"가 이처럼 "높은 가치를 가지는 사회적 정체성"이 되었다고 프리드먼과 맥아담은 이야기한다.[11] 캘리포니아 대학교 어바인의 사회학 교수 프란체스카 폴레타는 (약간의 반어적 의미를 담아) 『열병처럼It was Like a Fever』이라는 제목의 책을 썼다. 이 책은 플로리다 탤러해시에서 유색인종이 식당에서 평등한 대우를 받을 수 있어야 한다며 벌인 농성을 주도한 찰스 스미스의 발언을 인용한다. "경쟁심이 인권운동이라는 경기장에 들어오면, 그 어떤 대학교도 뒤처지지 않으려 하고, 용기와 신념이라는 덕목에서 낮은 평가를 받지 않으려 안간힘을 쓴다."[12] 이런 관찰을 확인해주는 연구는 여럿이다. 대학생들은 경쟁 관계에 있는 학교에 뒤처지지 않으려고, 또는 비겁하다는 소리를 듣기 싫어서 시위에 앞다투어 참가한다.

같은 시기의 운동을 다룬 연구들은 또 하나의 중요한 측면을 짚어냈다. 운동 참가자는 자신의 활동을 전 세계적으로 유색인종의 권리를 지켜주는 더 넓은 차원의 정의 실현으로 본다는 점이 바로 그 측면이다. 평생에 걸쳐 인권운동에 헌신한 엘라 베이커*는 이런 말을 했다. "새로운 시대의 서막이 열렸다. 새롭고 위대한 일이 일어나고 있으며, 오로지 [대학생만이] 역사의 흐름을 바꿀 수 있다."[13] 미국의 흑인 인권운동과 나란히 대학생들은 저항운동의 빛나는 사례를 보여줬다. 그 좋은 예는 튀르키예와 한국의 학생운동이 군사정권을 성공적으로 무너뜨린 쾌거이다. 아프리카의 운동가는 미국 대학교에 다니며 높은 정치의식과 사회를 개혁하려는 강한 책임감을 키우는 대학생들을 목격했다. 루이자 노이바우어라면 여기에서도 포모가 작용한다고 싱긋 미소 지으며 이야기하리라.

이 모든 설명은 충분히 이해가 간다. 하지만 내 생각에는 운동을 성공으로 이끄는 다른 무언가가 또 있다. 그것은 운동을 이끄는 지도자든 지지자든, **우리**가 변화를 일으킬 수 있다는 확고한 확신이다. 잔혹한 독재에 맞서 결연히 떨쳐 일어나는 힘은 "우리가 해낼 수 있다"는 내면의 신념에서 나온다. 그런 신념이 생길 때 우리는 그저 지켜만 보던 수동적 태도에서 벗어나 조금이라도 적극적인 행동에 나서게 된다.

---

\*  엘라 베이커Ella Baker(1903~1986)는 미국의 아프리카계 미국인의 인권운동에 평생을 바친 인물이다. 운동이 전문화하고 상업화하면서 오염되는 것을 극도로 경계하며 말 그대로 풀뿌리 운동을 강조하며, 주로 운동을 조직하는 일을 묵묵히 했다.

# Ⅲ.
# 저항의
# 심리학

2020년 3월과 4월은 아마도 내 인생에서 가장 불안하고 기묘한 시간, 그럼에도 역설적으로 가장 의미 있는 시간이었으리라. 전혀 새로운 종류의 바이러스가 전 세계를 '팬데믹'에 빠뜨렸다. 수많은 사람이 목숨을 잃었으며, 더욱 많은 사람이 중환자실에서 신음해야 했다. 최악의 상황만큼은 막기 위해 세계는 멈추어 설 수밖에 없었다. 잃어버린 일상을 되찾으려, 어떻게든 치료법을 찾으려, 사람들은 안간힘을 썼다.

 몇 차례 아시아 여행을 다녀오면서 나는 공공 구역에서 마스크를 꼭 쓰는 아시아 사람들의 노력에 깊은 인상을 받았다. '서구사회'에서 마스크는 병원 바깥에서 거의 보기 힘들었다. 그들이 너무 신중한 걸까? 아니면 서구 사람들이 지나치게 경솔한가? 코로나가 세상을 휩쓸었을 때, 이런 문화적 차이가 무엇을 뜻하는지 격론이 벌어졌다. 코로나가 일차적으로 공기를 통해, 즉 호흡기 침방울이라는 아주 작은 입자인 에어로졸로 전염된다면, 이 입자를 막아주는 것이라면 무엇이든 역병을 줄이는 데 도움을 주지 않을까? 하지만 독일 정부와 각종 언론매체는 이런 이야기를 들은 척도 하지 않았다. 세계보건기구WHO를 비롯해 많은 전문가는 그저 손 씻기, 위생관리, 거리 두기를 권고했을 뿐이다. 전염 차단과 치료 방법을 고민하는 학계의 요구가 거세졌음에도 마스크 쓰기는 한사코 무시당했다. 그래서 우리, 내 친구와 지인들은 어떻게 해야 사람들이 마스크를 쓰고, 정부 기관이 이 대책의 필요성을 절감해 정책을 바꾸게 될지 열심히 토론했다. 그 결과 얼마 뒤 '#마스크 쓰기#maskauf' 운동이 탄생했다. 이 운동은 많은 '인플루언서'의 지지를 받아 적어도 독일에서는 마스크 쓰기가 일상으로 자리 잡을 수 있게 터를 닦았다. 당시 나는 소설을 쓰며 책 출간을 준비하고 있었는데 갑자기 바이러스 학자와 정치가로부터 숱한 전화를 받았다. 물론 이 운동이 온전한 성공을 거두었다는 말은 할 수 없다. 독일 연방정부가 마스크 쓰기를 공식적으로 권고하기까지는 몇 주가 더 걸렸기 때문이다. 나중에 밝혀진 바로는 정부가 공식 팬데믹 대응 계획에 규정한 대로 마스크 재고를 비축하지 못한 실수를 가리려고 시간을 끌었다고 한다.

우리의 마스크 쓰기 운동이 무슨 긍정적 효과를 불러왔을까? 불러왔다면 이 성과는 어떻게 측정할 수 있을까? 잘 모르겠다. 하지만 운동을 시작한 첫날 아침에 잠에서 깨어나 내가 느꼈던 기분은 지금도 선명하게 기억난다. 해는 떴지만 좀 서늘한 기운이 도는 3월 아침, 세상은 조용했다. 나는 글을 쓰는 작가로서 머무르던 외로운 자리를 벗어나, 사회적 담론의 경연장이라는 다른 세계로 들어섰다. 나는, 적어도 일시적으로나마, 운동가가 되었다. 그리고 행복했다. 어디서 이런 행복감이 생겨났을까? 나는 스스로 물으며 놀라움을 금치 못했다. 나는 그때 하루에 18시간씩 무보수로 활동했고, 성공할 수 있을지 전망은 불

투명하기만 했다. 이날 일기에 나는 이렇게 썼다. "오늘은 아마 내 인생에서 가장 의미 깊은 날일 거야."

그로부터 얼마 뒤 독일뿐 아니라, 서구의 모든 국가에서도 모든 이들이 마스크를 썼다. 그리고 확실한 근거는 없지만, 나는 함께 뜻을 모아 마스크 쓰기 운동을 벌였던 동료들과 내가 이런 변화에 약간은 이바지했다고 자부할 수 있었다. 이후 나는 거듭 같은 물음을 품는다. 도대체 왜 나는 그동안 글 쓰는 직업에 종사하면서도 올바르고 중요한 일에 관심을 쏟고 이를 이루려는 노력을 그처럼 오랫동안 소홀히 했을까? 저항으로 역사에서 많은 것을 이룰 수 있음에도 어째서 우리는 이 방법을 적극 활용하지 않을까? 무엇이 우리를 부당함에 굴종하지 않고 저항하는 운동, 특히 잔혹한 권력자와 그 무뢰배 하수인에 맞서야 하는 용기가 필요한 항거에 나서게 해줄까?

여러 연구가 이런 물음을 파고들었다. 경험 심리학과 사회학은 오래전부터, 언제 그리고 무슨 동기로 사람들이 뜻을 모아 저항에 나서는지 설명하려 노력해왔다. 저항하는 데 큰 위험이 따르는 권위주의 정권을 연구한 것도 있고, 내가 팬데믹 대응을 요구한 것처럼 상대적으로 위험이 적은 민주주의 사회에 대한 연구도 있다. 대략 핵심만 추리자면 모든 (메타) 연구와 실험은 세 가지 요인이 결정적 역할을 한다는 것을 밝혀냈다. 첫째, 도덕을 무너뜨리는 불공정함에 느끼는 분노는 저항에 불을 붙인다. 둘째, 공유하는 규범과 목표로 형성되는 (집단) 정체성이 단결의 구심점이 된다. 셋째, 운동은 '이렇게 하면 된다'는 효능감을 느낄 수 있게 해주어야 한다. 이 세 가지 요소가 어우러질 때 정치의식이 각성해 행동으로 이어진다. 저항의 역사와 현재를 살펴보면, 다른 사람들과 함께 잘못된 상황을 바꿀 수 있다는 공유된 믿음이 언제나 저항의 결정적 성공 요인이다. 이런 믿음으로 단결하기까지 가는 길은 매우 다양하다.

세르비아의 '오트포르'는 집단이 분노를 생산적으로 표출할 때 변화의 기회를 잡을 수 있다는 확신을 심어줄 특별한 길을 찾아냈다. 그들의 성공적인 시위 모습은 전 세계로 퍼져 나갔다. 2000년 10월 5일 세르비아의 평화적인 '불도저 혁명'은 독재자 슬로보단 밀로셰비치를 권좌에서 끌어내리면서 대미를 장식했다. 혁명의 발단은 밀로셰비치의 경쟁자 보이슬라브 코슈투니차가 대통령 선거에서 명확하게 이긴 것이었다. 선거 결과에 승복하지 않으려는 밀로셰비치의 언동은 진정한 민주주의를 갈망하는 국민의 거센 반발을 불렀다. 150만 명이라는 유례를 찾기 힘들 정도의 대규모 시위대는 "고토프 제Gotov je!"("그는 끝났다!")라는 구호를 외쳤다. 자원 활동에 나선 150만 명이 나눠준 스티커로 이 구호는 전국을 도배하다시피 했다.

오트포르는 무엇보다도 아주 창의적이고 유머가 풍부한 시민 불복종 전술로 유명하다. 관련 문헌은 이 운동이 전 세계에 어디서든 비슷한 시위를 할 때 청사진으로 참고할 수 있는 모범적 사례라고 평가한다. 한 가지 좋은 예는 "변화를 위한 1디나르"라는 명칭의 이벤트다. 이 이벤트에서는 수도인 베오그라드의 국립극장 앞에 밀로셰비치의 얼굴을 그린 커다란 술통을 세워두고 유고슬라비아 돈 1디나르를 낸 사람 모두에게 이 얼굴을 때릴 수 있게 했다. 참가하려는 행인이 구름떼처럼 몰려들자, 경찰은 어쩔 수 없이 술통을 압수했다. 또 다른 유쾌한 사례로 세르비아에서 세 번째로 큰 도시인 니시에서 시위 참가자들이 밀로셰비치의 생일 축하 파티를 열어 생일 축하 카드와 선물을 증정한 일을 들 수 있다. 2000명 이상이 생일 축하 카드를 썼으며, 선물로 수갑, 헤이그로 갈 차표(헤이그에는 국제 전범 재판소가 있다) 그리고 죄수복을 골랐다. 오트포르는 분노한 국민을 결집했을 뿐만 아니라, 독재자 밀로셰비치를 놀릴 기회를 주었다

술통 때리기와 같은 여러 기발하면서도 참신한 발상으로 오트포르는 심리적으로 대단히 중요한 성과를 이루었다. 유쾌한 시위로 사람들이 독재정권에 품었던 두려움을 깨끗이 날려버린 것이다. 독재정권을 그처럼 오랫동안 지켜주던 보호막인 두려움을! 그리고 이들은 흡사 놀이 같은 방식으로, 자신들의 힘을 자각하고 시위에 나서는 집단을 빠르게 형성하고 키웠다. 또 바로 그래서 세르비아의 시위는 놀라울 정도로 평화롭게 진행되었다. 시위에 나선 사람들은 이미 몇 년 전부터 정권에 반대하

는 이들이 다수라는 걸 알고 있었다. 비록 독재정권이 더 우월한
무력을 가지고 있다고 해도, 정당한 분노가 결집하고 분출하면
잔혹한 만행을 일삼는 정권일지라도 이를 막을 방법이 없었다.
독재에 맞서는 투쟁이든, 민주주의 사회의 운동이든, 결국 저항
을 성공으로 이끄는 심리는 아주 비슷하다. 우리 인간은 자신
이 속한 집단에서 안전하게 보호받는다는 느낌을 받을 때 적극
적으로 행동에 나선다. 해낼 수 있다는 믿음이 있어야만, 우리
는 함께한다. 그리고 불공정과 불의에 참을 수 없는 분노를 느
낄 때, 우리는 이를 바로잡으려 강고한 의지로 행동에 나선다.

그런데 독재자와 같은 명확한 적수가 없는 민주주의 사회
에서는 그런 분노와 같은 부정적 감정이 어떻게 해서, 어디에
서 나오는 것일까? 독일의 사회학자 슈테펜 마우Steffen Mau,
토마스 룩스Thomas Lux, 리누스 베스트호이저Linus Westheuser
가 공동으로 쓴 『격발 포인트: 현대 사회의 합의와 갈등
Triggerpunkte. Konsens und Konflikt in der Gegenwartsgesellschaft』은
집단적 감정을 촉발하는 불평등 유형을 '위—아래', '오늘—내일',
'우리—저들' 그리고 '안—밖', 이렇게 네 가지 대립으로 정리했
다.[1] 이 이야기를 듣는 즉시 우리는 자동적으로 각 분야에 해당
하는 저항운동을 떠올릴 수 있다. '위—아래'로 빚어지는 불평
등은 빈부격차라는 경제적 동기로 촉발되는 저항을 부른다. 이
를테면 더 많은 임금을 요구해 벌어지는 노동 파업이 그 대표

적 갈등이다. 프랑스에서 유류세 인상에 반대해 거세게 일었던 노란 조끼 운동도 마찬가지로 경제적 동기로 비롯된 저항이다(그러나 마우와 그 동료들은 노란조끼 운동을 '오늘—내일' 대립에 속한다고 보았다).[2] '우리—저들'이라는 갈등을 우리는 2020년 흑인과 유색인종의 권익을 보호해달라는 "흑인의 생명은 소중하다Black Lives Matter, BLM" 운동에서 보았다. BLM은 백인이 지배하는 사회 속에서 흑인과 유색인종이 받는 위협과 위험을 알아달라고 촉구했다. '안—밖'의 갈등은 2014년 극우 세력이 결집할 구실을 제공했다. 극우 정당인 페기다PEGIDA('서양의 이슬람화를 반대하는 애국 유럽인Patriotische Europäer gegen die Islamisierung des Abendlandes'의 줄임말)는 바깥의 이슬람이 유럽의 안녕을 위협한다는 논리를 앞세워 자국민(안)의 불안심리를 파고들어 표를 얻어냈다. 그리고 마지막으로, 하지만 어느 것 못지 않게 중요한 '오늘—내일'의 불평등은 당연히 거의 모든 생태 보호 운동, 예를 들면 '미래를 위한 금요일'이 중시하는 주제이다. 이 모든 운동은 선명한 투쟁 목표와 그만큼 강한 문제의식(강렬한 분노라는 감정)을 가지고 있다. 특히 불의와 불공정을 용납하지 못하는 강한 분노는 저항에 많은 동조자를 끌어모으는 원동력이다. 그러나 심리학 연구는 이런 불평등에 가장 강렬한 감정을 느끼는 사람이 꼭 실천 행동에 나설 가능성이 높진 않다는 걸 보여준다.

기후 재난을 보는 폭넓은 우려와 소극적인 대응 사이의 기묘한 모순을 이해하기 위한 미국의 한 심리학 연구는 사람들이 운동에 품는 기대를 중심으로 서로 다른 네 가지 유형을 구분했다. 처음의 두 유형은 실천에 나설 개인 능력 및 집단 능력과 연관이 있다. 나머지 두 가지는 개인의 구체적 행동 및 집단의 구체적 행동과 관련한 것이다. 연구는 어떤 사람이 행동에 나설지 아닌지 예측할 수 있는 몇 가지 강력한 지표와 그처럼 강력하지는 않지만 그래도 참고할 수 있는 지표를 확인했다. 주변에 모범으로 삼을 만한 인물이 있는지는 여러모로 중요하다. 가족, 친척, 친구 중에 운동에 적극적인 사람이 있으면, 그 영향을 크게 받았다. 또 개인으로든 집단으로든 운동으로 자기 효능감을 얻는 것도 중요한 요소였다. 하지만 놀랍게도 "우리가 살펴본 사례에서 운동이 성공할 거라는 집단의 기대감은 매우 높았지만, 이런 기대가 직접 운동으로 이어지지는 않았다".[3] 저항이 효과가 있으리라는 기대는 운동이 일어날 전제조건이기는 하지만, 반드시 운동을 일으키는 요인은 아니다. 운동에 참여하지 않는 이유로 효과가 없다("그런다고 뭐가 달라지겠어")는 말을 흔히 들먹이기는 하지만, 내가 보기에 이런 말은 자신을 보호하려는 변명일 뿐, 진짜 이유는 달리 있다. 운동을 효과 있게 만드는 건 노력해서 할 수 있다. 어떻게 접근해서 무슨 전술을 써야 좋을지 꾸준히 정보를 모으고, 연습 삼아 시도하고, 이를 통해 전략을 세심하게 다지는 과정에서 우리는 많은 걸 배울 수 있다. 하지만 이런 운동을 주변에서 아무도 신경 쓰거나 관심 가지지 않는데 홀로 할 사람이 있을까?

　운동에 적극적으로 나서게 되는 가장 강력한 동기는 개인이 집단에 가지는 소속감이라고 대다수 연구는 확인해준다. 흥미롭게도 가장 중요한 요소는 다른 사람도 마찬가지로 행동할 거라는 확신이다. 특히 주변의 가족, 친구, 이웃, 동료가 함께하는 것이 최선이다. 인간은 자신이 잘 아는 사람들 안에서 편안하면서도 고양된 기분을 맛본다. 홀로 저항하고 싶은 사람은 없다. 결실을 거두기 힘들 뿐 아니라, 고립되어 쉽사리 공격받을 수도 있기 때문이다. 인간은 자신의 노력으로 뭔가 이뤄낼 때의 기분, 자신이 속한 집단이 변화를 일으킨다는 확인, 그리고 정당한 방법으로 올바른 일을 한다는 확신을 원한다. 그러나 무엇보다도 인간은 자신이 아는 누군가가 함께할 때 흔쾌히 행동에 나선다.

　코로나 팬데믹 초기에 마스크 쓰기 운동을 벌이면서 내가 행복감을 느낀 이유는 바로 이것이다. 뜻을 모아 함께해준 친구와 지인 그리고 호응하고 동참한 사람들 덕분에 나는 행복감을 맛보았다. 우리의 일은 아주 힘들었지만, '함께' 일했다. 대부분 시간을 집에서 홀로 보내기는 했지만(팬데믹을 막으려 분투하는 사람도 엄격한 거리 두기 원칙을 지켜야 했으니까), 나는 동료들과 항상 연결되었다고 느꼈다. 우리는 단체 채팅방과 메일 발송 목록을 만들어 언제라도 연락을 주고받으면서 초심을 잃지 않

으려 소통에 힘썼다. 나는 하루에 한 번 이상 크리스티아네 슈
텡어Christiane Stenger와 통화했다. 좋은 친구이자 '#마스크 쓰기'
운동의 공동 발기인인 그녀와 나는 한밤중에도 통화하며 다음
날을 준비하기도 했다. 운동 이전에 서로 몰랐던 사람들은 급
속도로 가까워졌다. 어느덧 나는 안정감, 의미 그리고 자기 효
능감을 주는 집단의 일원이 되었다. 이로써 집단도 나도 빠르
게 성장할 수 있었다.

저항은 심리학이 말하는 '자기충족적 예언self-fulfilling prophecy'
인 경우가 많다. 많은 사람이 함께할 거라고 많은 사람이 믿으
면, 실제로 많은 사람이 함께한다. 충분히 이해할 만한 일이다.
다른 사람들이 자신의 실패와 실수를 지켜볼 수 있는 상황에서
혼자 결정을 내리고 싶은 인간은 거의 없으니까.

그러나 저항은 인간 사이에 빚어지는 "창조적 긴장"이 초래
하는 불확실성과 위험으로도 활력을 얻는다. 이 긴장은 "문제
를 극적으로 고조시켜 누구도 더는 피해 갈 수 없게 한다"고 킹
은 1963년 버밍햄의 감옥에서 썼다.[4] 5년 뒤 킹은 한 모텔에서
백인 인종차별주의자가 쏜 총에 맞아 운명했다. 암살범은 누가
정의의 편에 서며, 누가 아닌지 묻는 킹의 질문에 가장 파괴적
인 답을 주었다. 킹 이전에도 이후에도 우리는 평화롭게 싸우
다 평화롭지 않은 방식으로 죽음을 맞이한 순교자들이 있었던
것을 안다. 그렇기에 우리는 그들의 이름을 기억하며, 그들의

이름은 각 시대의 운동을 대표한다. 우리는 사람들이 킹과 같은 영웅을 보고서 특별한 용기를 내게 된다고 기꺼이 믿는다. 이는 인간적이고 이해할 만한 믿음이지만, 우리를 잘못된 길로 이끌 수도 있다.

# IV.
# 저항에는
# 영웅이
# 필요한가

오스카상에 빛나는 전기영화 〈밀크〉의 시작 부분에 숀 펜이 연기한 주인공 하비 밀크는 연단에 서서 이성애자가 주를 이룬 청중에게 이렇게 말한다. "알아요, 저는 여러분이 기대한 모습과 다르죠. 그러나 다른 점은 깜빡 잊고 집에 하이힐을 두고 온 것뿐입니다." 관중석에서 웃음이 터졌다. 영화는 시종일관 따뜻함과 유머 그리고 꾸밈없는 솔직함으로 친구든 적이든 자신의 편으로 끌어들이는 하비 밀크의 인간적 면모를 그려낸다. 어떤 연설이든 밀크는 이런 문장, 전설이 된 문장으로 시작한다. "저는 하비 밀크입니다. 저는 여러분을 제 편으로 만들고 싶습니다." 하지만 그는 안타깝게도 정치적 경쟁자가 쏜 총에 목숨을 잃었다. 간디나 킹과 마찬가지로 밀크는 운동의 순교자가 되었다. 그리고 순교 덕분에 운동은 결국 승리했다. 하비 밀크라는 인물을 전 세계적으로 알린 할리우드 영화 이전에도 이미 그는 운동의 상징으로 떠받들어졌다.

특정인을 어떤 커다란 문제, 정의를 다투는 사안의 고귀한 희생자로 숭배하는 영웅 서사는 저항운동이 가장 즐기는 이야기이다. 그리고 우리는 이런 신화를 숱하게 안다. 영웅 이야기는 입에서 입으로 전달되고 퍼져나가는 과정에서 당연히 각색과 윤색을 거친다. 스토리의 문화적 재생산은 우리에게 많은 영향을 끼친다. 내가 자미라 엘 우아실과 함께 쓴 책 『세상은 이야기로 만들어졌다』에서 보여주었듯, 스토리 구조, 주인공과 악역, 갈등과 해결이라는 구조는 우리가 세계를 인지하고, 이를 바탕으로 사람들과 소통하는 주된 틀을 이룬다. 서사 구조 가운데 특히 두드러지는 틀은 이른바 '영웅의 여정'이다. 신화 연구가 조지프 캠벨이 세계 곳곳의 여러 신화를 살펴보고 1950년 처음으로 짚어낸 '영웅의 여정'은 거의 모든 문화, 종교, 시대, 장르에서 거듭 나타나는 서사 구조이다.* 신화가 그리는 영웅은 전형적인 열두 단계를 거치며, 모험을 떠나 시험과 시련을 받으며 패배의 구렁텅이로 내몰렸다가 마침내 새롭게 변신한다. 결국 자신을 바꾸는 데 성공한 영웅은 세계를 변화시킨다.

영웅의 여정이 보여주는 내적인 구도는 실제로 우리의 집단적 의식에 깊게 아로새겨져 무시할 수 없는 영향력을 발휘한다. 이를테면 이런저런 원인에 이런저런 결과가 따른다는 인과의 법칙이나 권선징악이 그런 내적 구도이다. 어떤 신화든 영웅을 특정한 지점 또는 결정적 위기의 순간에 '모든 것'을 희생할 각오를 하는 주인공으로 그린다. 그 곁의 조력자들은 모든 걸 희생하는 위대한 사명과는 다른 관심과 가치를 가지기 때문에 부차적일 수밖에 없다. 영화 〈스타워즈〉의 한 솔로는 잠시 동안이지

---

* 조지프 캠벨Joseph Campbell(1904~1987)은 미국의 문학 교수로 비교 신화학에서 독보적 업적을 쌓은 인물이다. '영웅의 여정hero's journey'은 그가 여러 신화를 비교 분석한 끝에 확인한 공통적인 서사 구조로 '단일 신화Monomyth'라고도 한다.

만 루크 스카이워커('영웅의 여정'을 밟는 영웅의 이상형)를 저버리고 떠난다. 솔로는 루크를 믿지 못하고, 이야기 속에서 지배적인 적대자에게 굴복하고, 저항 세력보다 자신의 개인적 이득을 최우선으로 생각한다(물론 그러다가 솔로는 결정적 순간에 루크를 돕는다). 〈반지의 제왕〉에 등장하는 샘와이즈 갬지는 프로도를 거의 버릴 뻔했으며, 심지어 유다라는 이름의 제자는 예수를 배신한다(말이 나온 김에 짚어보면 예수 역시 '영웅의 여정'을 고스란히 보여주며, 이런 구도는 부처에게도 그대로 적용된다). 아무튼 조연의 비협조와 반란 또는 배신으로 어려움이 커질수록 영웅은 그만큼 더 빛난다. 이런 좌절과 시련 덕분에 결국 영웅은 그에 걸맞은 위상에 올라선다. 그리고 영웅은 마지막에 그래도 자신을 따르기로 결심한 조연들과 함께 세계를 바꾼다.

아주 익숙한 이야기이지 않은가? 정확히 이런 스토리 구도는 앞서 언급한 저항 서사의 청사진이라 할 수 있다. 그리고 이런 서사는 저항은 선택받은 개인, 영웅적 개인만이 감당할 수 있으며, 늘 극한의 희생을 요구한다는 생각을 강화한다.

정의를 위해 헌신하는 카리스마 있는 인물의 뒤를 따라 험난한 가시밭길을 걸을까? 아니면 그를 영웅으로 만들어 우리 평범한 인간 대신 우리 몫의 책임까지 떠안으며 그 험난한 길을 홀로 가라고 할까? 이 두 선택지 사이에는 미묘하지만 매우 중요한 차이가 있다. 물론 우리는 신뢰할 수 있는 사람을 우러르며 지도자로 세우기를 갈망한다. 사회학자 막스 베버는 1919년에 행한 유명한 강연 〈직업으로서의 정치〉에서 긍정적 측면과 부정적 측면을 두루 가지는 "카리스마 지배"를 다음과 같이 설명했다. "예언자 또는 전쟁 지도자나 기독교 공동체 혹은 의회의 걸출한 선동가를 믿고 따르는 태도는 해당 인물을 전지전능한 힘에 따라 선택된 인류의 '지도자', 소명을 타고난 '지도자'로 받아들인다는 자백과 다르지 않다. 무슨 관습이나 법으로 그 정당성을 얻는 게 아니라, 단지 믿는다는 이유만으로 우리는 그 카리스마 앞에 머리를 조아린다.'" 저항의 맥락에서 이 '믿음'이란 구체적으로, 해당 인물과 함께하는 사람들이 이 선택된 지도자가 도덕적으로나 실천적으로나 흠잡을 데 없는 저항을 이끄는 올바른 결정을 내릴 거라고 믿고 온전히 따른다는 뜻이다. 그리고 그 지도자가 저항의 가치를 지키고 실천하는 책임을 오롯이 대신 감당하는 역할을 충실히 수행할 거라고도 믿는다. 루이자 노이바우어는 그동안 자신을 믿어주는 사람이 많아졌다며, 그 이유는 자신이 사람들의 믿음을 거스르고 실망을 끼친 적이 없어 그런 것 같다고 나에게 말했다. 그러나 이런 관계에는 믿음 이외의 다른 무엇인가가 함께 작용한다. '소셜네트워크'로 연결된 수십만 명의 '팔로워'들은 단지 정치적인 이유에서만 노이바우어를 따르는 게 아니다. 이들은 일종의 사회적 관계, 말하자면 오늘날 '인플루언서'와 대중 사이에 형성되는 가상의 친밀함을 갈망한다.

마치 음악 페스티벌에 가듯이 어떤 유명인을 보고 싶어 저항 시위를 찾는 사람이 얼마나 될지 말하기는 물론 어렵다. 그렇지만 '아이콘' 없이는 저항운동이 커지기 힘든 것이 사실이다. 미디어 역시 아이콘이 필요하며, 심지어 미디어는 아이콘을 만들거나 키우기도 한다. 아이콘은 운동의 구심점 노릇을 하며 사람들 사이에 일체감을 빚어주고, 호감과 경탄을 자아낸다. 덕분에 사람들은 두려움과 불안을 넘어 과감하게 저항에 나선다. 그러나 아이콘은 운동에 항상 위험 요소로 작용하기도 한다. 아이콘에 흠집이 생기면, 운동도 타격을 받는다. 최근 반유대주의 논란에 휩싸인 그레타 툰베리의 사례는 부분적으로나마 아이콘격인 인물에 의존하는 운동이 그 인물의 언동으로 어떤 문제를 겪을 수 있는지 잘 보여준다. 청소년으로서 그 어떤 관직이나 공직을 맡지 않고 정상급 정치가들을 신랄하게 비판하면서 툰베리는 때 묻지 않고 순수한 합리적 태도의 소유자로 인정받았고, 그런 명성 덕분에 높은 관심을 받으며 '미래를 위한 금요일' 운동이 탄력을 받게 해주었다(이를테면 다보스에서 열린 세계경제포럼에서 툰베리는 맑고 선명한 논리로 사람들의 마음을 사로잡았다). 그러나 팔레스타인 무장단체 하마스가 2023년 10월 초에 자행한 테러로 수많은 사람이 목숨을 잃었음에도 툰베리는 하마스를 옹호하는 발언을 했으며, 이 때문에 기후 정의를 추구하는 글로벌 운동도 영향을 받았다. 사람들은 기후 정의 운동에서 툰베리를 믿었고, 자신들의 불만과 걱정을 대변하는 역할을 비공식적이지만 툰베리에게 맡겼다. 하지만 툰베리는 이 특권을 남용해 독단적으로 신식민주의 비판으로까지 넘어가며 반유대주의 혐의를 쓰고 말았다. 파리 기후협정의 약속을 민주적 절차에 따라 실행해달라고 호소하면서 많은 사람의 호응을 받은 운동, 바로 그래서 민주적 가치를 지켜야 할 의무를 진 운동은 손상을 입었다.

진정한 카리스마는 단순히 사람들의 숭배에만 의존하지 않는다. 눈으로 볼 수 없지만 우리를 휘어잡는 이 강력한 힘을 표현한 아름다운 말은 어렵지 않게 찾아볼 수 있다. 좋은 예는 미국의 작가 제임스 볼드윈(1924~1987)이 1958년 몽고메리에서 마틴 루서 킹 목사의 설교를 듣고 쓴 에세이 「마틴 루서 킹 앞에 놓인 위험한 길The Dangerous Road before Martin Luther King」(1961)에 나온다. 볼드윈은 흑인들이 그저 하루하루 근근이 버티기 위해 예전에는 교회에서 기도를 올리며 영혼의 위안만 구할 뿐이었는데, 킹이 뭔가 새로운 것을 주었다고 썼다. 볼드윈은 킹이 설교한 교회의 분위기가 자신이 평소 교회에서 보았던 분위기와는 사뭇 달랐다고 묘사한다. "이 교회는 기쁨이 넘쳐흘렀다. 견디기 힘든 상황에서 더 이상 스스로를 기만하지 않게 된 사람들, 지도자를 바라는 기도가 기적적으로 응답받은 사람들, 그리고 제 자신의 의지로 이 상황을 바꿀 수 있음을 깨달은 사람들의 얼굴은 기쁨으로 가득했다."² 킹은 이들에게 그저 듣기 좋은 위로를 베풀지 않았다. 그는 청중에게 정부에 못지않은 도덕성을 갖출 것을 요구했다. 예를 들어 흑인의 높은 범죄율을 낮추고 인종 분리를 그저 묵묵히 받아들이는 태도를 바꾸라고 했다. 그러나 무엇보다도 킹은 인간을, 흑인이든 백인이든, 인간을 잘 이해했다고 볼드윈은 강조한다. "킹은 인간과 더불어 아파할 줄 알았으며, 바로 그래서 아파하는 사람을 도왔다." 킹 자신이 바로 인간이었으니까. 그래서 사람들은 킹을 믿고 따랐다.

대중매체는 대중이 쉽게 이해하고 관심을 가지도록 하려는 속성상 되도록 사안을 단순화하고 인물에 초점을 맞추려는 경향에서 벗어나기 힘들다. 그러다 보니 인물과 저항운동을 구분하지 않는 오류를 범하기도 한다. 그런 언론들은 2023년 가을 툰베리의 발언을 문제 삼으면서 '미래를 위한 금요일'은 이제 끝장이며, 회복할 수 없을 정도로 신뢰를 잃은 탓에 새로운 운동이 필요하다고 이야기했다. 그럼 툰베리가 추구해온 목표가 이제는 덜 중요하다는 말인가? 몇 마디 말실수 때문에 그 목표가 이제는 올바르지 않은가? 한때 지구를 구하자는 생각으로 기꺼이 툰베리를 따랐던 사람들이 갑자기 생각을 고쳐먹기라도 했다는 말인가? 운동을 카리스마 지배와 혼동하는 관점, 더 나아가 운동의 논리와 그 추구하는 목표와 요구와 팩트까지 카리스마로 혼동하는 관점은 저항과 관련해 일어나는 가장 심각한 인지 오류이다. 그 외에 다른 오류도 헤아릴 수 없이 많기만 하다. 내용과 상징을 혼동하는 영웅 신화와 마찬가지로 이 다른 오류들 역시 흥미롭게도 집단과 행동을 바라보는 우리의 이해 부족으로 생겨난다. 이처럼 현실을 올바로 보지 못하는 인지적 오류가 저항에 거리를 두는 원인일까? 또는 운동을 멀리할 핑계를 찾느라 부러 인지적 오류에 빠지는 걸까? 이런 물음은 이 책이 다루기에는 너무 큰 질문이다. 어쨌거나 나는 이런 물음들이 저항이 제대로 힘을 쓰지 못하는 이유를 알려주는 답 가운데 일부라고 생각한다(반면, 저항이 풀어야 하는 가장 중요한 과제 중 하나는 일부러든 아니든 이런 핑계를 대기 어렵게 만드는 것이라는 점을 앞으로 더 자세히 살펴볼 생각이다).

1931년 사회심리학자 대니얼 카츠와 플로이드 올포트가 처음 제시한 이래, '다원적 무지'가 우리 인식을 왜곡한다는 점을 밝혀낸 다양한 연구가 있다.* 예를 들어 사람들은 다른 사람의 행동, 특히 규범을 지키려는 올바른 행동(이 행동의 하위범주인 운동 참여도 마찬가지)을 항상 과소평가하는 경향을 보인다. 우리는 언제나 다른 사람보다 내가 더 낫고, 더 솔직하며, 더 잘 헌신

---

\* '다원적 무지'란 나는 그렇게 생각하지 않지만, 남들은 다 그렇게 생각할 거라는 믿음에서 나오는 오류를 말한다. 백인이 자신은 다른 흑인에 대한 편견이 없지만, 다른 백인들은 편견을 가지고 있을 거라는 믿음 등이 그 예이다.

한다고 여긴다. 이런 독선은 다양한 문화와 정치에서 공통적으로 나타나는 현상으로, 사우디아라비아와 옛 소련에서도 나타났다고 한다. 2021년에 이뤄진 미국의 연구는 기후 보호 활동을 바라보는 사람들의 태도를 조사했다. "설문에 참여한 사람들은 타인이 기후를 보호하는 규범을 지키려 하지 않는다고 답했다." 더 나아가, "과반이 넘는 국민은 자신이 개인 차원에서 규범을 지지하지만, 다른 사람은 그러지 않는다고 불만스러워한다. 이런 잘못된 믿음 탓에 사람들은 어떤 규범을 공개적으로 지지하기를 꺼리며, 이런 태도는 다시금 다른 사람을 부정적으로 보는 믿음을 키운다."[3]

'다원적 무지'는 우리를 곧장 '애빌린 역설'[*]에 빠뜨린다. 집단의 구성원이 각자 자신이 선호하는 방향과는 반대되는 결정을 내리는 데 동의하게 되는 이 역설로 인해, 구성원들은 자신의 생각과 의견이 집단의 의견과 충돌한다고 잘못 판단하면서 집단의 의견에 거스리지 않기 위해 자기 뜻을 숙이고 집단의 결정을 따른다. 실제로 투명하게 서로 의견을 나누어보면 충돌은 전혀 일어나지 않음에도. 이 역설은 저항에도 고스란히 적용된

---

[*] 미국의 경영 전문가 제리 하비Jerry Harvey가 고안한 역설이다. 자신이 아내와 장인과 장모와 함께 애빌린이라는 곳으로 소풍을 갔는데, 사실 어느 누구도 가기를 원치 않았다. 하지만 상대의 기분을 그르칠까 두려워 아무도 본심을 이야기하지 않는 바람에 모두에게 짜증 나는 하루가 되고 말았다는 경험담을 바탕으로 제시했다.

다. 대다수 사람은 자신이 소중히 여기는 가치와 확신을 위해 서라면 기꺼이 저항할 의사가 있다. 그러나 다른 사람은 그러지 않을 거라고 믿는 나머지 이들은 선뜻 나서지 않고 수동적 태도를 보인다.

애빌린 역설과 매우 유사한 것이 이른바 무임승차 문제이다. 이것은 '올슨의 역설'이라고도 한다(집단행동을 연구한 미국 경제학자 맨슈어 올슨의 이름을 땄다). 활동력이 아주 왕성한 집단의 경우, 개인은 자신이 맡아야 할 과제가 중요하다거나 꼭 필요한 것이라고 여기지 않는다. '다른 사람이 해줄 건데 뭐.' 이렇게 생각한 개인은 적극적으로 나서지 않고 뒤로 물러서서 관망하기 일쑤다. 이십대 시절 비교적 안정적인 1990년대와 2000년대를 보내며 정치에는 관심조차 보이지 않았던 내가 그랬다. 내가 굳이 나서지 않아도 어차피 모든 것이 잘될 거라고 믿은 것이다. 동시에 사람들은 꼭 필요한 변화도 불편하게 여기고 꺼리는 경향을 보인다. 그래서 사람들은 기본적으로 시위와 운동가를 불신하며 불편하게 여긴다. 인지심리학은 이런 심리를 현상 유지 편향이라 부른다. 현실을 왜곡해서 받아들이는 인지 편향은 이 밖에도 다양하다. 확증 편향(저항이 소용없다고 여겨 성공했다는 뉴스보다 실패했다는 뉴스에 주목하여 "그것 봐 내가 뭐라고 했어" 하는 편향), 더닝-크루거 효과(저항이 어떻게 이루어지는지 잘 알지 못하면서도 "내가 아는데" 하며 터무니없이 부풀리는 편향), 부작위 편향(행동하지 않았을 때의 위험보다 행동했을 때의 위험을 더 크게 보고 몸을 사리는 편향), 그리고 손실 회피(이득보다는 손실을 더 무겁게 보고 회피하는 경향)가 대표적 인지 편향이다.

나는 이런 다양한 편향들이 적극적으로 정치 참여를 하지 않게끔 만드는 행동심리학적 현상으로 이어진다고 생각한다. 그 가운데 특히 논란이 되는 현상은 '공유지의 비극'이다. 여기서 공유지는 모두가 함께 이용하는 재화를 포괄적으로 부르는 개념이다. 지금 이 글의 맥락에서는 민주주의를 비롯해 사람들이 공유하는 추상적 '재화', 이를테면 기후 또는 훼손되지 않은 생태계가 공유지가 될 수 있을 것이다. 공유지는 어떤 집단, 한 국가의 국민 또는 지구라는 행성의 주민이 생존을 위해 반드시 의존해야만 하는 소중한 재화이다. 하지만 사용자들이 남용하거나 보존하기 위한 노력을 소홀히 한다면 공유지는 회복할 수 없을 지경으로 망가질 수 있다. 공유지의 비극이 빚어지는 원인을 개인의 이기주의나 탐욕에서 찾는 태도는 문제를 지나치게 단순화한 오류이다(물론 이기주의와 탐욕도 한 원인이기는 하다). 그보다도 공기나 물처럼 자유롭게 쓸 수 있는 자원을 공동체 차원에서 관리하고 보존하는 능력이 부족한 것이 더 큰 원인이다.

공유지의 비극과 그에 관한 경험적 증거와 실험 데이터는 여러 차례에 걸쳐 비판적으로 검토되었다. 특히 많은 증거와 데이터는, 공유재에 쉽게 접근할 수 있는 특권층이 이를 주로 남용하고 훼손했으며, 항상 이런 특권이 문제를 일으켰음을 적시해 준다. 오늘날 슈퍼 부자가 남기는 탄소 발자국*은 빈민층 또는 심지어 중산층 국민이 남기는 양을 몇 배는 훌쩍 뛰어넘는 수준이다. 민주주의 역시 이 정치체제에서 특권을 누리는 계층, 이를테면 교육 수준이 높아 정치를 잘 안다거나, 돈을 주고 로비를 벌일 수 있는 부자가 멋대로 주무를 수 있는 공유재이다. 일반적으로, 사람들은 다양한 상황에서 공동체를 지키기 위해 욕망을 제한하거나, 자신이 현실적으로 어떤 기여를 해야 할지 인식하는 데 계속해 어려움을 겪는 것으로 보인다.

지금까지 나는 왜 사람들이 저항에 거리를 두는지 그 몇 가지 원인을 살펴보았다. 우리는 흔히 그냥 가만히 있어도 다른 사람들이 알아서 해줄 거라거나, '우리가 뭘 할 수 있겠어, 영웅이 나타나야 해' 하고 생각한다. 특히 우리는 책임을 회피하려 할 때 잘못된 길로 빠지곤 한다. 그렇지만 우리는 어떤 체제에서 어느 위치에 있든 간에, 불공정과 불의가 빚어지는 책임을 최소한 간접적으로는 가지고 있다.

어떤 정권, 그 어떤 민주주의 체제도 이를 떠받드는 사회적 기둥 없이는 존립할 수 없다. 그리고 우리는 바로 이 기둥 가운

---

*   각 개인, 단체, 기업 등이 생산과 소비 과정에서 직간접적으로 발생시키는 이산화탄소의 총량을 말한다.

데 하나다.

# V.
# 흔들리는 기둥

2015년 6월 26일 하비 밀크가 일으킨 운동은 마침내 충분히 많은 사람을 같은 편으로 끌어들였다. 이날은 미국의 성소수자 운동에 역사적인 날이 되었다. 미국 연방대법원은 동성 결혼이 이성 결혼과 똑같은 법적 보호를 받는다고 판시했다. 하비 밀크가 사망한 때로부터 37년이 지난 뒤에 내려진 이 판결로 정치적 저항의 오랜 시대가 막을 내렸다.

　"만약 내 머리에 총알이 날아온다면, 이 총알이 각자가 숨어 있는 벽장을 부수고 자신의 성정체성을 커밍아웃하게 만들기를 바란다." 밀크는 1977년 공개적인 자리에서 이렇게 이야기했다.[1] 밀크는 동성애자 중 최초로 샌프란시스코 시의회 의원으로 선출되었을 뿐 아니라, 미국에서 커밍아웃한 동성애자 중 공직에 오른 최초의 인물이기도 하다. 1978년 11월 27일 그는 저격당했다. 사회운동을 이끌었던 많은 위대한 지도자와 마찬가지로 밀크는 몇십 년 동안 아무 진척이 없던 운동이 어떻게 돌연 획기적인 변화를 끌어냈는지 두 눈으로 직접 볼 수 없었다. 보수주의자들이 '동성애 어젠다'라고 비아냥댄 이 문제는 해결되지 않는 고통스러운 난제였으며, 소수만이 관심을 가진 인기 없는 주제였다. 1990년에 실시된 설문조사에서 미국인의 4분의 3은 동성애를 부도덕하다고 여겼다. 동성 결혼에 찬성한다고 밝힌 사람은 3분의 1에도 미치지 못했다. 당시 전 세계적으로 동성 결혼을 허용하는 국가는 없었다. 1996년 민주당 출신의 빌 클린턴 대통령은 '결혼보호법Defense of Marriage Act'에 서명했다. 이 법은 오로지 남성과 여성의 결혼만 합법적 결혼으로 인정한다고 명시했다. 다른 형태의 모든 결합은, 주에 따라 인정해주는 곳이 있긴 했지만, 결혼보호법의 대상이 아니라고 못박았다. 상원에서 표결에 부쳐진 법안은 찬성 85표, 반대 14표로 통과되었다. 그 가운데 민주당 소속의 상원의원 조 바이든도 찬성표를 던졌다. 2004년 미국의 13개 주에서 '결혼 보호Marriage Protection'라는 비슷한 법령을 놓고 벌어진 주민투표 역시 같은 결과를 낳았다. 그런데 2015년에는 대법원이 완전히 다른 판결을 내렸다. 그동안 대체 어떤 변화가 일어난 걸까?

어떻게 해서 이런 반전이 일어났는지 자세히 들여다보면, 권력과 그것의 영향력을 바라보는 우리의 개념이 매우 부정확하다는 사실이 명확히 드러난다. 뿌리부터 뒤바뀌는 중대한 변화는 선거에서 이겨 권력을 얻은 정치가 덕분에, 또는 길고 지루한 협상 끝에 일어나는 게 아니다. 진정한 변화는 매우 구체적인 목표와 이에 맞는 전략을 구사하는 운동, 폭넓은 지지자를 가진 운동이 일구어낸다. 변화는 권력 기관이 차근차근 오랜 시간에 걸쳐 꾸준히 벌이는 '거래Transaction'로 생겨나지 않는다. 우리는 직관적으로 권력 기관의 영향력이 크다고 여기지만, 이는 사실과 다르다. 근본적인 변화는 권력 기관이 아니라, 보다 더 근원적인 뿌리, 곧 민중에 호소하며 그 신뢰를 얻어내는 투쟁이 가져온다. 다시 말해서 '변혁Transformation'은 민심에 충실한 운동만이 이루어낸다. 이 이론은 진정한 권력은 곧 국민이라고 확인해준다. '오트포르' 운동에 참여했던 이반 마로비치는 이렇게 말했다. "독재자라고 손수 세금을 거두러 다닐 수는 없죠."[2]

이런 생각은 민주주의와 그 정부에도 적용된다. 미국의 저술가 마크 엥글러와 폴 엥글러는 2016년에 발표한 획기적인 책 『21세기 시민혁명: 비폭력이 세상을 바꾼다』[*]에서 얼핏 보기로는 전혀 다를 것만 같은 두 가지 사례를 들어 이를 설명한다. 한 예는 하비 밀크가 시작한 동성 결혼 지지 운동이며, 다른 예는 밀로셰비치에 대항한 오트포르 운동이다. 두 운동은 영역이 서로 완전히 다르지만, 둘 다 차근차근 국민의 마음을 파고들어, 마침내 사회 전체가 변화를 갈망하고 받아들이게 했다는 점에서는 동일하다. 두 운동의 차이는 성공하기까지 걸린 시간일 뿐이다.

세르비아의 오트포르는 가장 먼저 독립적인 매체를 찾아다니며 운동을 알리고 지지를 호소했다. 이후 엔터테인먼트 업계, 음악계 및 지성인과 대학교 교수들을 끌어들였다. 다른 분야는 훨씬 더 까다로웠지만, 오트포르는 그만큼 더 주도면밀하게 노

---

[*]　이 책의 원제는 『이것이 저항이다: 비폭력 저항은 어떻게 21세기를 형성했나This Is an Uprising: How Nonviolent Revolt Is Shaping the Twenty-First Century』이며, 2018년 국내에 위와 같은 제목으로 출간되었다.

력했다. 특히 경찰과 군대가 정권에 더는 충성하지 않고 저항에 동참하도록 유도했다. 군대의 경우는 많은 젊은 참전 군인들이 밀로셰비치가 벌인 무모한 전쟁에서 진저리치고 돌아왔기 때문에 좀 더 쉬웠다. 경찰의 경우는 그보다 어려웠다. 경찰 입장에서 정권의 명령을 거부하는 것은 곧바로 직업을 잃게 만들 수 있는 일이었다. 그러나 오트포르가 체포를 두려워하지 않고 끊임없이 시위를 벌이면서 운동가와 경찰은 이내 서로 이름을 부를 정도로 친해졌다. 이반 마로비치의 증언을 들어보자. "경찰은 시위대의 많은 젊은이를 적으로만 알았다가, 이 적이 그저 비민주적인 정권을 평화롭게 종식시키려는 청년들이라는 걸 알게 되었죠." 정권을 떠받드는 두 기둥인 경찰과 군대를 설득하는 일은 매우 힘들고 오래 걸리는 과정이기는 하지만, 결전의 순간이 다가왔을 때 이 기둥은 빠르게 무너졌다. 밀로셰비치는 선거 결과를 거부하고 받아들이지 않았다. 그러자 노조와 교회는 파업을 벌였으며, 경찰과 군대는 시위 군중을 진압하라는 명령을 듣지 않았다. 이로써 정권은 가장 강력한 권력 도구를 잃었다. 권력은 아무것도 없이 홀로 우뚝 선 통돌 기둥이 아니다. 권력은 이를 떠받드는 그물망, 사회라는 이름의 섬세한 네트워크가 없으면 맥없이 꺼지는 거품과 같다. 제아무리 난공불락의 권력이라 할지라도 이를 받쳐주는 사회 구조가 약해지면, 결국엔 무너진다.

미국의 퇴역 대령이자 전역 후 저항운동 트레이너로 변신한 로버트 헬비는 독일 시사주간지 《슈피겔Spiegel》과의 인터뷰에서 이런 말을 했다. "권력은 정부의 꼭대기에만 있는 게 아니죠. 경찰, 군인, 관리, 농부도 저마다 나름대로 권력이라는 걸 가집니다. 저의 전략은 경찰, 군인, 관리, 농부가 정부의 권력을 의심하게 만들어 마침내 이들의 힘을 하나로 묶어내는 겁니다." 2000년 가을 헬비는 서둘러 오트포르를 찾아가 순전히 개인적으로 도움을 주었다. 당시 오트포르는 밀로셰비치가 의식하고 대응에 나설 만큼 밀어붙이기는 했으나, 운동의 기세가 한풀 꺾여 이를 되살려낼 활로를 찾아 고민하고 있었다. "앞으로 어떻게 해야 운동이 다시 기세를 회복할지 그 방법을 찾느라 운동가들은 고민이 많았습니다." 헬비의 증언이다. "제가 그들을 약간은 도울 수 있겠더군요."[3] 부다페스트의 한 호텔에서 헬비는 세르비아 청년들을 상대로 17시간 동안 비폭력 저항 이론을 가르쳐 주었다. "핵심은 정부의 권력을 약화하고, 약점을 찾아 이를 냉철하게 이용하는 겁니다. 나는 그들에게 제대로 된 전쟁계획을 어떻게 짜는지 가르쳐 주었습니다."[4]

군대 전문용어를 즐겨 쓰는 예비역 장교가 비폭력 저항운동을 교육할 때 마치 헌병 훈련 또는 실제 전투 훈련을 하듯 한다는 점이 아주 흥미롭다. "저항운동의 최대 약점은 확실한 전략을 짤 줄 아는 능력의 부족이었죠." 헬비는 그동안 자신이 쌓은 관련 '노하우'를 담아『전략적 비폭력 갈등: 기본을 생각하기On Strategic Nonviolent Conflict: Thinking about the Fundamentals』라는 제목의 책을 펴냈다. 이 책은 민주주의의 본질 같은 이론을 다루지 않으며, 아래로부터의 혁명이 어떻게 이루어져야 좋은지 알려주는 실용적 충고를 가득 담아냈다. 2004년에 출간된 이 책은 이후 여러 나라의 언어로 번역되었으며, 심지어 페르시아어와 러시아어로도 옮겨졌다. 헬비는 성공적인 정부 전복은 가족의 저녁식사에서 시작된다고 자신 있게 말한다. "현지 경찰 서장의 딸과 아들, 또는 저기 모퉁이 집 군사령관의 딸과 아들이 매우 중요합니다. 이 젊은이들은 가족에게 예전에는 듣지 못한 새로운 소식을 전해주지요. 이야기를 듣고 서장과 사령관의 고뇌가 시작됩니다. 이들은 결정적 순간에 이르러 시위대가 국가를 부정하는 반역 분자의 무리가 아니라, 자기 딸과 아들일 수 있다는 걸 먼저 생각합니다."[5] 세르비아의 정치평론가 이반 베즈보다Ivan Vejvoda는 혁명의 결정적 순간을 이렇게 증언한다. "시위대 가운데 장군의 아들과 딸이 있다는 소문이 떠돌았고, 바로 그래서 장군은 진압을 위해 무력을 투입할 명령을 내리지 못했다."[6]

오늘날 운동가들이 즐겨 읽는 마크 엥글러와 폴 엥글러의 책은 20여 년 전 헬비의 책에서 사회의 '기둥'이라는 비유를 가져왔다. 고대 로마의 신전처럼 권력자도 충성으로 자신을 받쳐주는 여러 '기둥'에 의존한다. 그리고 이 기둥이 흔들리지 않도록 무력을 써서 안정시키기도 한다. 이 기둥 가운데 하나 또는 두 기둥을 무너뜨린다고 해서 권력자가 바로 실권하지는 않는다. 하지만 여러 기둥이 흔들리며, 갈수록 그 정도가 심해지면, 잔혹하기 짝이 없는 독재자라 할지라도 빠르게 무너지는 변동이 생겨날 수 있다. 저항운동은 이른바 '티핑포인트', 작은 변화가 쌓이다가 결정적 변화를 부르는 임계점을 어떻게 불러올지 늘 유념하고 목표로 설정해야만 한다. 다시 말해서 사회의 변혁은 카오스와 카리스마로 이뤄지지 않는다. 자기희생을 두려워하지 않는 자세로 끈질기게 노력하는 자세가 변화의 원동력이다(물론 전략적으로 카오스와 카리스마를 활용할 수 있어야 한다).

민주주의 사회의 변화 역시 같은 이치를 따른다. '현 상황Status quo'은 사회를 떠받치는 기둥 위에 놓여 있다. 민주적 정당성을 가진 정부가 이 기둥을 관리하며 구체화한다. 민주주의 사회에서는 모든 정치적 사안을 놓고 서로 의견이 갈릴 수밖에 없다. 때로는 기존의 법체계와 관습에 따라 방향이 결정되고, 때로는 그렇지 않다. 그러나 여기서 특히 중요한 것은 민주주의 사회에서도 독재 체제와 마찬가지로 논란이 되는 많은 주제에 다수의 국민들이 무관심하다는 점이다. 하지만 우리는 모두 민주주의 사회를 떠받드는 기둥이다. 정치적 입장이 무엇이든 간에, 원하든 원하지 않든 간에 그 사실은 변하지 않는다. 의사는 보건 체계를, 건설 노동자는 사회 인프라를, 교사는 학교를, 병사는 군대를, 기자는 언론매체를 담당하는 식으로 모두가 자신의 역할을 맡고 있다.

각급 학교 특히 대학교라는 교육의 기둥은 변화를 도모하며 현상을 개선하고자 하는 진보적 저항의 감수성을 키워준다. 따라서 젊은 학생들은 많은 운동, 곧 종교단체, 노동조합, 비정부 기구와 같은 많은 운동이 가장 먼저 다가가야 할 귀중한 자원이다. 신뢰성 있는 태도와 활발한 토론으로 이들을 조직으로 묶어내는 것이야말로 숱한 역사의 사례가 보여주듯 더 나은 사회로 나아가는 중요한 첫 번째 행보이다.

한편으로 사회적 시장경제로 조직된 민주주의 사회에서 성공적 저항을 위해 가장 중요한 기둥은 경제이다. 사회 구성원들은 사회의 일상 질서가 위협받아 경제가 불안정해지면 잃을 것이 많다. 그 때문에 이런 상황에서는 비로소 저항운동의 요구에 귀를 열게 된다. 미국 남부 주에서 벌어진 인권운동이 두드러진 사례인데, 흑인들의 보이콧으로 재정적 손해가 눈덩이처럼 불어나자 사업을 운영하던 남부 백인들은 그들의 요구를 받아들이지 않을 수 없었다. 역사적으로 그보다 더 앞선 사례는 19세기 영국에서 찾아볼 수 있다. 노예제를 반대하기 위해 벌어진 '설탕 보이콧' 운동 덕분에 영국 국민은 일상적으로 사용하는 물품들이 가혹한 노예 노동으로 생산된다는 사실을 명확히 깨달았다.

사회의 긍정적 변화를 열린 자세로 받아들이거나 혹은 단순히 기회주의적으로 받아들이는 기둥은 이런 변화를 거부하며 현상 유지를 고집하는 기둥과 대립한다. 권위주의 정권에서 '현상 유지 기둥'은 이른바 '보안 기관', 곧 군대, 경찰, 비밀경찰, 형사 소추기관, 심지어 권력자가 용병을 채용해 운영하는 경호조직 등이다. 이들은 무엇보다도 정권의 유지에 전념하며, 모든 저항을 가장 먼저 나서서 제압하고, 최후의 순간까지 버티다가 정권과 운명을 같이하는 마지막 보루이다. 그런데 권력의 엄격한 분립을 중시하는 민주주의 사회에서도 정치가가 성가시고 불편한 저항을 "가혹할 정도로 철저한 법 집행"으로 찍어 누르려 할 때 법 집행 기구를 동원한다. 경찰과 사법기관은 저항하는 이들이 일차적으로 부딪히는 상대다.

전제국가에서든 민주국가에서든 저항의 성공 비결은 한편으로 권력 기관의 가장 중요한 기둥, 곧 경찰, 법원, 교도소 등을 과부하가 걸릴 정도로 바쁘게 만들고, 다른 한편으로 갈수록 더 많은 국민을 운동으로 끌어들이는 것이다. 제아무리 어마어마한 권력이라도 그 작동 원리는 단순하다. 세금은 세금 징수원이 거두고, 판결은 법관이 내리고, 공무원은 법을 집행하며, 운전기사가 버스와 철도를 운행해야만 국가는 기능한다. 그 어떤 독재자라 할지라도 사회 구석구석 찾아다니며 직접 권력을 행사할 수는 없다. 독재자의 권력은 이 권력을 적극적으로 지지하는 사람, 또는 최소한 독재자가 정한 규칙에 동조하는 사람에게서 나온다. 이런 상황을 변화시키고자 한다면, 우리는 가장 먼저 국민의 무관심과 거부감을 상대해야만 한다. 이런 감정의 기둥은 일견 극복하기 힘들어 보이지만, 사실은 이런 상황이 저항운동이 힘을 쓸 최고의 기회이다. 이제 운동은 되도록 다양한 기둥에서 사람들을 만나 하나씩 설득해야 한다. 변화가 일어나지 않는다면 도덕적 상처와 사회적 비용, 또는 경제적 손실이 늘어난다는 것을 보여줘야 하며, 그러다 보면 사람들이 운동의 요구에 주목해야 손실을 줄일 수 있음을 자각하는 순간이 찾아온다.

지리적으로 서로 멀리 떨어져 있음에도 미국의 성소수자 인권운동과 세르비아의 오트포르는 저항운동의 이런 작동 원리를 똑같이 보여준다. 두 운동 모두 조바심을 내지 않고 몇 년에 걸쳐 꾸준히 작업을 벌였다. 매력적인 대안을 제시했으며, 이들의 요구가 받아들여지지 않는 동안 사회가 치러야 하는 비용은 계속 늘어났다. 전략적으로 사회의 기둥을 차례로 설득하며, 변화를 일으킬 수 있다고 확신하는 '우리'가 충분히 커질 때까지 계속해 나갔다. 그렇게 되자 오랫동안 결정을 내리지 못했거나, 무관심으로 일관하며 현상 유지에 급급해온 많은 이들에게도 변화를 선택하는 것이 더 유리하다는 점이 명백해졌다.

분명 독재정권의 억압은 민주주의의 무사안일과 기회주의보다 훨씬 더 혹독하고 위험한 장애물이다. 하지만 해낼 수 있다는 자신감의 결여는 억압 못지않게 운동을 위축시키고 무기력 상태에 빠뜨릴 수 있다. 결국 민주주의 사회에서도 현 상황을 바꾸고 실질적인 변화를 이뤄내기 위해서는 장기전이 필요하다. 미국의 성소수자 운동은 초기에 사법적 차원에 집중했다. 동성 결혼의 권리를 법이 동등하게 인정할 것을 요구하며 소송을 벌였고, 몇몇 주에서는 대법원까지 가기도 했다. 법원은 거듭 각하 결정을 내렸지만, 지지자들은 멈추지 않았고 샌프란시스코 시장 개빈 뉴섬 같은 이는 캘리포니아 법을 정면으로 거스르고 동성 부부의 결혼을 승인하기도 했다(몇몇 목사도 같은 선택을 했다). 2000년과 2009년 워싱턴에서는 동성 결혼을 인정하라고 요구하는 대규모 시위가 벌어졌지만, 구체적 성과를 끌어내지는 못했다. 하와이와 버몬트에서 인정을 받아낸 첫 성과도 나중에 철회되었다. 그럼에도 굴하지 않는 끈질긴 투쟁은 마침내 획기적인 변화를 이뤄냈다. "물론 많은 쓰라린 실패를 맛보았죠." 운동가 앤드류 설리번은 말한다. "하지만 실패할 때마다 사회의 논란은 더욱 커지고 거세지며, 생산적 토론의 분위기를 만들어냈습니다. (……) "[7]

동성 결혼을 둘러싼 사회의 논란이 뜨거워질수록, 사회의 여러 기둥에 있는 사람들이 차츰 이 문제에 있는 불평등과 부당성을 인식하게 되었다. 1997년, 유명 인사 중 처음으로 레즈비언이라고 커밍아웃한 미국의 방송 진행자 엘런 드제너러스가 동성 결혼을 지지하고 동등한 권리 보장을 위한 투쟁에 나서면서 이성애 일색이던 연예산업이라는 중요한 기둥이 크게 흔들리는 조짐을 보였다. 진보 성향의 변호사들은 1990년대에 이미 미국 최대 규모의 변호사협회를 움직여 결혼의 자유를 옹호하게 했다. 마크 앵글러와 폴 엥글러가 꼽은 또 하나의 중요한 기둥인 육아와 아동 복지 전문가들은 동성 부부가 자녀에게 나쁜 영향을 끼친다는 보수 측의 주장이 선입견에 지나지 않는다고 반박했다. 그리고 교회, 최소한 진보 성향의 교회는 결국 공개적으로 동성애자를 받아들였으며 단체 지도자로도 삼았다. 갈수록 더 많은 사람이 개인적으로 커밍아웃하면서 공적 영역에서 진행되던 논쟁은 이제 사적인 영역으로도 확대되었다. 2011년 처음으로 미국 국민의 과반이 동성 결혼을 찬성한다고 밝히면서, 드디어 도미노 반응이 일어나 고정관념의 기둥들이 차례로 무너졌다. 구글, 나이키, 버라이즌(미국 최대의 통신 기업) 같은 거대 기업이 앞다투어 운동을 후원하고 나섰으며, 2011년 심지어 군대까지 성소수자의 입대를 허용하고, 더 나아가 군목의 주례로 맺어지는 동성 결혼을 인정했다. 군대의 이런 파격적 변화는 그때까지 누구도 예상하지 못한 것이었다.

이 사례에서 흥미로운 지점은 무엇보다도 기회주의자가 보여주는 모습이다. 클린턴과 바이든을 비롯한 저 유일하게 참된 결혼의 용감한 수호자들께서는 이 기둥이 흔들리기 시작했을 때 어떤 반응을 보였을까? 이들은 손바닥 뒤집듯 생각을 바꿨다. 당시 버락 오바마 아래서 부통령을 맡았던 바이든은 이미 2012년에, 그동안 자신은 꾸준한 성찰과 학습으로 "입장의 발전"을 겪었다고 직접 밝혔다. 얼마 뒤 오바마는 물론이고 빌 클린턴과 힐러리 클린턴 역시 발 빠르게 발전에 가세했다. 힐러리는 2004년만 하더라도 오로지 남성과 여성의 결합만이 "거룩한 맺어짐"이라고 공언했었다. 2014년에는 공화당의 저명한 정치가도 속속 입장 번복에 가담했다. 드디어 2015년, 미국 연방대법원의 판결은 사안을 깨끗이 해결했다. 동성 결혼은 법적으로 허용되었다.

오늘날 우리 사회의 주요한 정치가를 생각해보자. 여론이 자신에게 불리한 쪽으로 변한다면, 이들은 얼마나 오래 버틸 수 있을까? 당신이 중요하게 생각하지만 오늘의 상황에서는 해결될 것으로 보이지 않는 문제, 하지만 상황이 바뀌면 기회주의자가 달려들 문제는 어떤 것일까? 평등한 결혼의 권리 같은 하나의 문제를 위해 벌이는 기나긴 투쟁이 주는 희망찬 메시지는 바로 이것이다. 아무리 상황이 절망적이고, 앞으로 나아가는 게 불가능해 보여도 길은 분명히 있다! 특히 자유가 널리 보장된 민주주의 사회에서는 더더욱 가능하다. 어떤 사회도 변화에 계속 버틸 수는 없다. 변화의 물결에 영향을 받지 않는 지배 구조는 어디에도 없다.

에리카 체노웨스와 마리아 스테판은 기둥 이론을 인상적으로 확인할 수 있는 사례로 1979년에 일어난 이란 혁명을 꼽는다.[8] 이란 혁명은 결국 여성 혐오를 노골적으로 조장하는 권위주의 정권을 낳고 말았으며, 오늘날 많은 사람들이 이 정권에 저항하고 있지만, 이런 장기적인 결과와는 상관없이 저항의 성공 법칙은 여기서도 그대로 확인된다. 1970년대 후반 이란의 팔라비 왕조에 대항해 처음으로 행동하기 시작한 기둥은 성직자들이다. 전국적으로 9000여 곳이 넘는 이슬람 사원 네트워크는 당시 외국에서 망명 중(처음에는 튀르키예에서, 나중에는 파리에서)이던 루홀라 호메이니(나중에 이슬람 최고 지도자인 '아야톨라Ayatollah'라는 칭호를 받았다)와 그 참모들의 연설과 지시를 담은 카세트테이프를 밀반입해 국민에게 뿌렸다. 언론이라는 기둥이 전혀 제 기능을 하지 못하자, 저항운동은 발전소를 점거하고 정전을 일으켜 정권의 저녁 뉴스가 방송되는 걸 막았다. 석유를 채취하는 유전에서부터 국영 항공사에 이르기까지 사회의 거의 모든 분야에서 파업은 일상이 되었다. 정권의 폭압으로 살해당한 동료의 장례식은 끝없이 이어지는 애도의 행진이자, 샤Shah(이란의 왕)를 반대하는 침묵시위가 되었다. 갈수록 일상생활을 유지하기 힘들 정도로 저항이 거세졌음에도 국민은 오히려 저항에 동조했다. 운동은 엄격하게 비폭력을 강조하며, 폭언도 삼가달라고 당부했다. 정권 실세를 죽이자는 과격한 요구도 자제해달라는 요청을 받았다. 운동은 사회의 모든 기둥을 찾아다니며 전체 국민을 포용하려는 노력을 게을리하지 않았다. 독재자를 떠받드는 가장 중요한 충성 기둥인 군대와 경찰 역시 차례로 설득되어 시위대의 편으로 넘어왔다.

독재자를 상대로 벌이는 투쟁의 사례를 민주주의 사회에 적용할 때는 매우 신중하게 접근할 필요가 있다. 하지만 독재든 민주주의든 운동이 원하는 변화를 이루게 하는 핵심 비결은 같다. 에리카 체노웨스와 마리아 스테판은 전체 인구에 비하면 비교적 작은 규모도 사회의 주요 기둥을 흔들리게 만들고, 기회주의자의 태도 변화를 유도하고, 대중을 움직이며, 여론조사에서 이기는 결과를 얻어내기에는 충분한 힘을 발휘한다는 것을 보여주었다. 운동의 성공에 필요한 절대적인 숫자가 얼마인지 이야기하는 것은 무의미하다(아니, 숫자로 측정할 수 없는 사안이다). 중요한 것은 사회의 네트워크에서 활발하게 소통할 줄 아는 능력이다.

정치 참여를 단순히 몇 명이냐, 또는 그 즉각적인 효과가 무엇이냐 하는 관점으로만 평가해서 안 되는 이유가 바로 이것이다. 여기 제시된 성공적인 저항 사례들이 처음에는 절망적이고 극도로 암담했던 것은 그냥 우연이 아니다. 정확히 말하자면, 그렇게 보이는 것이 **당연한** 일이었다. 사회를 지탱해주는 기둥을 흔들려 하는 이들은 그야말로 돌덩이에 부딪혀야만 한다. 기존 제도 안에서 작은 성과를 거두는 데 만족하지 않고, 기존 제도를 싹 뒤엎는 거대한 변혁을 이루려는 사람은 처음에는 (겉보기로는) 실패**해야만** 한다. 제한적인 힘으로 되도록 많은 기둥을 가능한 한 꾸준하게 흔들려고 하는 사람은 저항운동의 초기는 물론이고 이후에도 드문 성공에 조바심이 나고 속이 탈 것이다. 하지만 그것이 바로 제대로 하고 있다는 증거이다. 막스 베버는 정치란 두꺼운 널빤지에 구멍을 뚫는 일이라고 이야기했다. 이 말에 빗대 말하자면 저항운동이 뚫어야 하는 두꺼운 널빤지는 기둥들이다. 기둥을 흔드는 지난한 작업에서 겪는 패배, 정치적이든 사법적이든 문화적이든 실패와 좌절은 저항이 애초부터 희망이 없다는 경고가 아니다. 오히려 이런 패배는 일종의 시험 결과로 받아들여야 한다. 이 결과로 우리는 어떤 기둥(그리고 사안에 따라 어떤 운동가)이 어느 정도 불안정한지, 어디가 무너질 가능성이 있는지, 상황이 달라지면 누가 기회주의적인 행동을 보일지, 혹은 무슨 일이 일어나든 변하지 않을지 등의 소중한 데이터를 얻을 수 있다. 예를 들어, 여전히 많은 교회는 동성 결혼을 반대한다. 일반 국민 가운데도 이를 반대하는 집단은 굳건히 남아 있다. 연방대법원의 판결을 반대하는 법관과 관료도 드물지 않으며, 연방대법원 내부에서도 그러하다(당시 동성 결혼은 찬성 5, 반대 4로 통과되었다). 하지만 이런 반대에도 이미 대세는 정해졌다. 이들의 의견은 상황을 바꿀 수 없다. 이들이 현 상황을 바꾸기 위한 강력한 운동을 새로 일으키지 않는 한.

우리는 너 나 할 거 없이 모두 자기 자신이 사회를 떠받드는 기둥 가운데 하나라는 점을 이해해야만 한다. "그래봐야 달라질 것이 없어"라는 태도로 정치와 저항운동에 멀찌감치 거리를 두고 무관심한 태도만 보이는 사람은, 사회가 지금 모습 그대로 변하지 않는 것에 공동 책임이 있다. "남부 사람들이 저지른 씻기 힘든 죄악은 그저 팔짱만 끼고 지켜보기만 했다는 것이다."[9] 제임스 볼드윈은 마틴 루서 킹 주니어가 1961년 이런 말을 했다고 인용했다. 킹 목사는 그저 방관만 하던 이들을 행동에 나서게 할 수 있을 때 어떤 투쟁이든 이길 수 있다는 걸 아주 잘 이해하고 있었다. 이러한 변혁의 매커니즘을 외면하고 무관심한 채로 남고자 하는 심리적 경향은 강하며, 이를 깨는 것이야말로 저항이 해야만 하는 중요한 과제이다. 그리고 많은 경우, 슬프고 냉소적으로 들릴 수 있겠지만, 일방적으로 얻어맞는 폭력만큼 무관심을 깨는 특효약은 없다.

# VI.
# 최대 피해자

"어떤 식으로든 해야만 한다면, 용감하게 맞서자고. 나는 술 책이나 부리는 정치가 싫으니까. 정치가가 되느니 경건한 원칙주의자로 살 거야." 셰익스피어의 희곡『십이야, 또는 당신이 원하는 대로Twelfth Night, or What You Will』에 등장하는 젊은 귀족 앤드류는 결투를 앞두고 이렇게 이야기한다. 저항운동을 벌이는 많은 사람들 역시 같은 생각에 빠지곤 한다. 정치라는 번거롭고 수고로운 맷돌에 갈리느니, 용기 있게 바로 투쟁으로 나서고 싶다고. 정치는 인내와 끈기 그리고 아픔을 참고 견딜 줄 아는 능력을 요구한다. 이 모든 어려움을 이겨내야만 비로소 발언권은 주어진다. 하지만 저항의 역사를 살펴보면, 그보다 강력하고 직접적인 무언가가 필요하다는 인상을 받게 된다. 달리 말하자면, 운동은 이를 꺾으려는 역풍과 잔인한 폭력에도 불구하고 성공하는 게 아니다. 바로 그 역풍과 폭력을 경험하면서 운동은 성공할 힘을 키운다.

"30분 전에 이곳에 도착했을 때만 해도 고작 50명 정도였죠. 그런데 보세요, 지금 사람들이 얼마나 많은지." 우크라이나의 젊은 여성이 2013년 11월 인터넷 방송 '코르마츠케 티브이Chormatzke TV'에서 확성기를 들고 사람들에게 말했다. "하지만 이제 시작일 뿐이에요. 아마도 오늘 저녁에는 몇백 또는 심지어 몇천 명이 모일 겁니다. 내일이면 수만 명은 되지 않을까요? 그 뒤로는 수십만, 그 뒤에는 100만이 될 겁니다. 이것은 우리의 조국을 구할 유일한 기회이니까요."[1]

우크라이나에서 벌어진 저항의 열기는 갈수록 뜨거워졌으며, 키이우의 마이단 광장에는 수십만 명의 시위대가 운집했다. 당시 스무 살로 폴란드 루지 대학교의 학생회장이었던 카테리나 파블로바Katerina Pavlova는 팟캐스트 "프로테스트캐스트 Protestcast"에 나와 이렇게 말했다. "제 동료들은 마이단에 나오지 않았어요. 기숙사에서 잠을 자는 게 더 중요하다나요."[2] 시위는 유럽 연합이 제시한 협정을 우크라이나 정부가 거부하면서 촉발되었다. 우크라이나의 대다수 국민은 이 문제가 '단지' 외교 정책의 노선과 관련된 것이라고 생각했다. 정권의 혜택을 받는 이들은 저항에 반대했으며, 사회의 대부분 기둥은 꿈쩍도 하지 않았다.

그런데 야누코비치가 중대한 실수를 저질렀다. 2013년 11월 30일로 넘어가던 밤에 그는 경찰의 특수기동대에게 마이단 시위대를 급습하라는 명령을 내렸다. 80여 명이 다쳤다. 심지어 그 가운데 몇 명은 중상을 입었다. 경찰은 충격적이게도 실탄과 화염병과 파편 수류탄을 거침없이 사용했으며, 폭력배를 고용해 투입하기도 했다. 정부의 이런 만행은 저항의 불꽃에 기름을 끼얹었다. 순식간에 수많은 사람이 시위에 가담했다. 특히 시위의 성격과 운동의 목적이 완전히 바뀌었다. 이제 싸움은 모든 것을 건 결전, 생과 사를 불사하는 항전, 또는 동유럽 학자 주잔 보르

세흐*가 쓴 표현처럼 "사회의 존엄"을 사수하려는 투쟁이 되었다.[3] 선과 악은 이제 되돌릴 수 없이 확실하게 나뉘었다. 그리고 악당 야누코비치는 사라져야만 했다.

초기에는 꿈만 같았던 숫자인 100만 시위대가 2014년 2월 실제로 광장에 운집했다. 이제 '유로 마이단'이라는 이름이 붙은 광장에서 100만 시위대는 "존엄의 혁명"을 외쳤다. 도대체 어느 쪽에서 돈을 주고 실탄 사격을 사주해 수십 명의 시위대뿐 아니라 경찰까지 저격했는지는 오늘날까지도 완전히 해명되지 않았다. 2014년 2월의 시위로 100명이 넘는 사망자가 나오면서 군대까지 동원되며 상황이 악화일로로 치닫자, 유럽 정치가 중재에 나섰다. 유럽은 러시아의 반대에도 불구하고 우크라이나 대통령 빅토르 야누코비치의 사퇴를 종용했다. 유럽이 이처럼 적극적으로 나선 결정적 이유는 시위가 매우 평화로웠기 때문이다. 시위는 민주적으로 이뤄졌으며, 다채로운 시위 문화를 창조했다. 기증받은 책들로 도서관이 만들어졌고, 여러 무대에서 콘서트, 발레 같은 공연이 활발하게 열렸다. 이 모든 일은 한겨울 광장에 만들어진 천막 마을에서 자율성이라는 민주 원칙에 충실하게 이루어졌다. 심지어 정권이 난폭해졌을 때조차 시위는

---

\* 주잔 보르셰흐Susann Worschech는 독일 프랑크푸르트 비아드리나 유럽대학교의 동유럽 전문가이다. 특히 우크라이나 사정에 밝은 학자이다.

반격이나 복수를 삼가는 절제된 모습을 보여주었다. 마침내 야누코비치가 스스로 사퇴를 선언하고 도망갈 때까지.

정권의 거센 탄압에도 성공한 저항운동을 살펴보면, 운동이 결정적 변곡점을 맞이하는 패턴이 확인된다. 1979년의 이란 혁명에서 나타난 패턴은 이렇다. 군대와 경찰은 평화 행진을 벌이는 시위대에 총을 난사했다. 그리고 결정적으로 영화관에서 불이 나 400여 명이 사망하는 끔찍한 사고가 벌어졌다. 이에 국민은 정권에 엄청난 분노를 터뜨렸다.[4] 이제는 누구나 명확히 깨달았다. 우리가 죽느냐, 저들이 죽느냐! 시위를 향한 "적극적이고 공개적인 지지"(체노웨스와 스테판)는 급속도로 늘어났다. 갈수록 더 많은 사람이 목표를 위해서라면 어떤 위험이든 무릅쓸 각오를 다졌다. 어떤 체제이냐에 따라 다르긴 하겠지만, 이는 정권의 잔인한 폭력도 기꺼이 감수하겠다는 다짐을 의미했다. 그럼으로써 자신들이 이전에 겪은 고통을 무의미한 것으로 만들지 않으려 했다. 민주주의 사회에서도 이런 동력을 보여준 사례는 어렵지 않게 찾아볼 수 있다.

'흑인의 생명은 소중하다' 운동은 이미 2013년부터 목소리를 내왔지만, 본격적으로 급물살을 타게 된 계기는 2020년 5월 조지 플로이드*가 살해된 사건이다. 경찰이 플로이드를 살해한 장면이 담긴 차마 눈 뜨고 보기 힘든 동영상은 곧바로 유색인종을 겨냥한 경찰의 자의적 폭력을 규탄하는 엄청난 분노를 촉발했다. 미국뿐만 아니라, 전 세계적으로 분노의 불길이 활활 타올랐다. 이 사건으로 무엇이 정의로운 일인지 새롭게 규정된 것은 아니다. 하지만 방어 능력이 없는 평범한 시민을 목 졸라 죽이는 가학적인 장면을 본 사람은 자신이 어느 편에 서야 할지 결정을 내려야 했다. 이도 저도 아닌 어정쩡한 태도는 누구도 고를 수 없는 선택지였다. 인종차별적인 경찰 폭력은 어떤 방식으로든 합리화할 수 없었다. 변명이나 시선 돌리기도 불가능했다. 조지 플로이드, 하비 밀크, 마틴 루서 킹, 마하트마 간디, 그리고 그보다 유명하지 않은 이들의 부당한 죽음. 성공적인 저항은 이 희생자들로부터 결정적인 힘을 얻는 것처럼 보인다. 예수도 평화와 정의를 위해 목숨을 바친 사회 혁명가라 할 수 있다. 십자가에 못 박히는 희생은 결국 평화와 정의를 추구하는 전 세계적인 운동의 시발점이 되었다.

앞서 언급한 사건들과 그 중심인물에는 어떤 공통점이 있을까? 이들은 세상의 불의와 부정을 결코 그냥 지나칠 수 없는 상처로 압축해 더없이 구체적으로 보여주었다. 그리고 이 상처와 아픔을 묵묵히 견뎌냈다. 1965년에서 1967년까지 린든 베인스

---

\* 조지 플로이드George Floyd(1973~2020)는 아프리카계 미국인으로 백인 경찰에게 잔혹하게 살해당했다. 목과 등을 9분 29초 동안 찍어 누른 경찰의 무자비한 폭력에 목숨을 잃었다.

존슨 대통령의 대변인을 지낸 미국의 저널리스트 빌 모이어스는 저항운동의 결정적 변곡점을 '트리거 이벤트Trigger Event(격발 사건)'라고 불렀다. 마치 누군가 방아쇠를 당기기라도 한 것처럼, 돌연 무섭게 가속도가 붙으면서, 흐릿했던 것의 윤곽이 분명히 드러난다.[5] 이런 순간에, 오랫동안 지속된 운동은 누군가의 희생으로 얻어진 불행하지만 유리한 기회를 지금까지 키워온 역량과 결합시킬 수 있다.

독일의 환경운동 단체인 '마지막 세대'의 창설자이면서 2023년 가을까지 활동한 레아 보나세라Lea Bonasera는 저항 연구가 진 샤프의 연구를 언급하며 "정치의 주짓수"라는 표현을 썼다. 주짓수는 일본 유도의 영향을 받은 무술로 적의 힘을 역이용하는 것이 중요하다. 정치의 주짓수는 기득권의 공격을 기꺼이 감수하면서, 그들의 힘을 역으로 되받아치는 최적의 방법을 찾는 전략을 의미한다. 자신의 책『지금이 용기 낼 시간이다: 시민저항은 어떻게 위기를 돌파하나Die Zeit für Mut ist jetzt. Wie uns ziviler Widerstand aus Krisen führt』에서 보나세라는 이렇게 썼다. "기존 질서를 강하게 흔들수록, 더 많은 폭력이 우리에게 가해진다. (……) 우리는 이것을 우리 자신의 힘으로 전환하려 노력해야 한다."[6] 레아 보나세라는 자신의 경험에 빗대어 힘의 지렛대가 무엇인지 설명한다. 몇몇 다른 동지와 함께 상반신을 벗고 상체에 구호를 그려 넣은 다음, 보나세라는 바우어 미디어 그

룹* 건물 앞에서 기후 위기의 심각성을 제대로 보도하라며 시위를 벌였다. "저들은 우리의 손목을 꺾고 벌거벗은 상체를 바닥에 질질 끌며 경찰차로 데려가 체포하게 했다. (……) 끌려가는 동안 나는 엄청난 아픔에도 강한 자부심을 느꼈다. 지켜보는 이들의 얼굴에는 역력히 동정과 응원의 감정이 나타났고 나는 (……) 그들이 우리 편임을 확신했다."[7]

레아 보나세라는 옥스퍼드에서 공부했으며, 시민 불복종을 주제로 박사학위를 받았다. 그녀가 쓴 책은 그동안 걸어온 정치 이력을 담은 자서전이기도 하지만, 무엇보다도 다양한 저항 전술을 충실하게 담아내고 있다. 보나세라는 '트리거 이벤트'라는 개념을 자세히 다루면서, 어떻게 해야 이 효과를 빚어낼 수 있는지 살핀다. 그녀는 오랜 전통에 의존해 논의를 펼쳐나간다. 이를테면 마하트마 간디는 자신이 겪는 아픔과 고통을 적극적 저항의 핵심으로 여겼다. "청원이나 그 비슷한 합법적 절차로 권력자에게 뭐가 잘못인지 일러줘도 통하지 않는다면, 남는 유일한 치료법은 온몸으로 아픔을 감당하면서라도 권력자에게 굴복할 수 없음을 천명하고 권력자가 물러나게 강제하는 것뿐이다. 다시 말해서 법을 깬 처벌을 내가 감당하겠다고 외쳐야만 한다." 간디는 더욱 분명하게 선언한다. "아무런 잘못을 하지 않았음에

---

* 함부르크에 있는 멀티미디어 그룹으로 신문과 출판과 방송 사업을 벌인다.

도 갇히는 것이야말로 우리의 승리다. 우리가 결백할수록, 우리의 힘은 커지며, 그만큼 더 빠르게 승리의 순간은 앞당겨진다."[8]

간디 당시의 인도에서도 트리거 이벤트가 있었다. 예를 들어 1919년에 일어난 암리차르 학살에서 영국군이 인도 국민 379명을 살해했다. 더욱이 이 사건으로 책임진 사람은 아무도 없다. 간디는 폭력이 이처럼 격화하는 현실에서도 묵묵히 아픔을 감수하며 자신의 비폭력 원칙을 철저히 밀어붙였다. 간디의 철학 '사티아그라하Satyagraha'는 (글자 뜻 그대로) "진리의 확보"라는 뜻으로, 폭력을 묵묵히 참고 견디는 자세를 뜻한다. "그것(사티아그라하)은 비폭력으로 적에게 맞설 때 가장 밝게 빛난다. 사티아그라하는 패배를 모른다. 진리를 위한 투쟁은 지칠 줄 모르기 때문이다. 투쟁 끝에 맞이하는 죽음은 오히려 구원이며, 감옥은 자유로 나아갈 수 있게 해주는 문이다."[9] 인도의 비폭력 불복종 운동 참가자들보다 숫자는 더 적지만, 독일의 '마지막 세대'는 같은 논리로 체포를 두려워하지 않고 스스로 잡혀가는 전략을 구사하며 경찰과 법원이 과부하에 걸리게 했다. '마지막 세대'는 정부가 자신들을 범죄자 취급하며 감시와 불시 단속 등을 가하는 것이 기후 문제에 대한 대중의 관심을 높이고 새로운 회원을 확보할 기회가 될 수 있다고 확신한다. 개인적으로 운동가들과 대화를 나누어보면, 이들은 은근히 법적 갈등이 더 커져서 단체가 공식적으로 범죄 조직으로 분류되기를 바라는 속내도 보인다. 이런 트리거 이벤트는 물론 더 많은 탄압을 뜻하지만, 동시에 운동에 동참하는 국민이 폭발적으로 늘어나게 해줄 계기가 될 수도 있다.

이쯤에서 독자 여러분의 양해를 구하겠다. 이 책의 서두에서 나는 약간 거짓말을 했다. 저항하기 위해 반드시 초인적인 용기가 필요한 것은 아니라고. 하지만 저항하는 데 어느 정도의 용기는 필요하며, 특히 트리거 이벤트를 노린다면 더욱 그렇다. 도로를 봉쇄하기 위해 본드로 자신의 몸을 아스팔트에 붙이고,* 그 때문에 기꺼이 경찰에 끌려가 조사를 받는 등의 일을 하려면 운동가는 자신이 무슨 희생을 겪을지 잘 알고 있어야 한다. 민주주의 사회에서도 경찰은 얼마든지 폭력적으로 시위대를 대할 수 있으며, 특히 동의하지 않는 목적을 가지고 마음에 들지 않는 방식으로 행동하는 시위대에게는 더 난폭할 수 있다. 체제를 바꾸려는 시위는 경찰의 폭력뿐만 아니라, 시위에 반대하는 시민의 폭행도 경험하는 경우가 많다. 저항운동 트레이너 로버트 헬비는 바로 그래서 이런 말을 했다. "나는 두려움이라는 자연적인 반응에 대처하는 법을 운동가에게 가르쳐준다. 이런 대처법은 군인이 군대에서 배우는 것이다. 정상적인 조건반사는 자리를 피하는 태도, 곧 달아나는 것이다. 그러나 50만 명의 시위

---

\* '마지막 세대'가 실제로 벌인 시위의 내용이다.

대가 도망가지 않고 광장을 지키게 할 방법이 무엇일까. 이 목표는 오로지 철저한 사전 대비와 미리 훈련된 규율로만 달성될 수 있다."[10] 헬비는 자연스레 두려움을 이기는 방법으로 구호를 외치며 노래 부르는 것을 추천한다. "소리 높여 구호를 외치는 사람은 경찰이나 군인이 고무 곤봉으로 방패를 두드리거나, 총에 착검하는 소리를 듣지 못한다." 군대 매뉴얼에 담긴 지침에서 일러주듯이, 체포당한 사람은 자신의 경험을 자세히 알려야 한다. "체포해 차에 태웠나? 차 안에 던졌나? 구타가 있었나? 무엇을 물어보았나? 때가 되면 먹을 것을 주었나? 아무튼 우리는 적이 무슨 일을 벌일지 되도록 자세히 알아야 체포당했을 때 두려움을 줄일 수 있다. 그래야 자신이 붙잡혔을 때 예상하지 못한 일로 느낄 두려움이 줄어든다. 무슨 일이 벌어질지 내가 모른다는 사실이 나를 두렵게 만든다."[11]

하지만 저항운동을 폭발시키는 결정적 폭력이 항상 억압적인 정부기관으로부터 나오는 것은 아니다. 예를 들어 아랍의 봄은 튀니지의 길거리 행상이 자살하면서 시작했다. 그리고 운동이 성공하기 위해 반드시 영웅이 필요한 것은 아니다. "영웅은 드물게 등장해야 효과를 발휘하는 희귀 프로그램이다." 독일 사회학자 울리히 브뢰클링Ulrich Bröckling은 『영웅 이후 시대의 영웅 Postheroische Helden』(2020)에서 이렇게 썼다. "영웅은 드물어야 가치가 올라가는 희소가치의 경제 원칙 적용을 받는 상징적 존

재이다. 인플레이션은 가치 하락을 초래한다."[12] 현명한 저항운
동은 바로 그래서 전략적으로 가능한 한 적은 희생만을 치르는
소수의 효과적인 트리거 이벤트를 계획해야 한다. 특히 민주주
의 사회에는 상대가 극단적인 폭력으로 대응하지 않도록 상징
적인 파괴를 활용하는 것이 필요하다. 저항운동은 가치와 상징
차원에서 활동해야 한다. 신경을 건드리고, 방해하며, 자극하고,
불만을 외치다 보면, 돌연 몇 가지 결정적 사건이 모든 것을 기
하급수적으로 가속하는 순간이 찾아온다.

이로써 우리는 저항이 풀어야만 하는 가장 중요한 물음, 늘
격론이 벌어지는 물음에 도달했다. 저항운동을 할 때는 어떤 것
은 해서는 안 되며, 무엇은 해도 좋은가?

# VII.
# 무슨 목적이
# 어떤 수단을
# 정당화할까?

"정말 품위라고는 모르는 싸구려 행동이다. 너희는 헌법을 짓밟고, 탈레반처럼 예술을 파괴하고서도 영웅 행세를 하는구나."[1] 독일 사회민주당SPD 의원 미하엘 로트Michael Roth는 2023년 초 베를린에서 '마지막 세대'가 벌인 시위 이벤트를 보고 트위터에 이렇게 올렸다. 녹색당의 유명 정치가 콘스탄틴 폰 노츠Konstantin von Notz 역시 맞장구를 쳤다. "이 무슨 말도 안 되는 수작이야!" 그리고 기독교사회당CSU 의원 다니엘라 루트비히Daniela Ludwig는 이렇게 썼다. "주여, 하늘에서 돌이 우박처럼 쏟아지게 하소서……."[2]

무슨 일이 일어났던 걸까? 사람이 다쳤을까? 실수로 엉뚱한 피해자가 소중한 목숨을 잃었나? 어마어마한 가치의 예술작품이 파손되었나? 다행히도 그런 심각한 일은 아니었다. '마지막 세대'의 운동가들은 헌법에 검은색 페인트를 뿌리고 떡칠해놓았다. 정확히 말하자면, 두꺼운 유리로 만들어진 '기본법 49'*라는 국회 의사당 근처의 헌법 기념비에 칠한 것이다. 기념비는 손상되지 않았고, 페인트는 씻어낼 수 있었다. 하지만 아무래도 그곳을 매일 지나다니는 의원님들의 매우 섬약한 마음은 이 이벤트의 상징성을 견딜 수 없었던 모양이다. 좌우를 막론하고

---

* 베를린에 있는 국회 의사당 담벼락에 설치된 조형물이다. 독일 연방공화국 헌법이 1949년에 제정되어 이런 이름이 붙었다.

의원들은 한목소리로 비난했다. 그런 짓은 해서는 안 된다고.

　기후 보호 운동가들의 이벤트가 이처럼 격한 반응을 끌어낸 것은 이것이 처음이 아니다. 2022년 가을, 몇몇 운동가는 영국과 독일에서 미술관을 찾아가 고가의 작품 액자에 구호를 적은 플래카드를 붙이거나, 그림을 보호하는 유리에 페인트나 먹다 남은 음식을 칠했다. 정계와 예술계 그리고 신문 문화부 기자들 사이에서 분노의 돌풍이 휘몰아쳤다. 독일 일간지 《차이트 Zeit》의 기자 플로리안 아이헬Florian Eichel은 이들의 분노를 대변해 "예술을 겨눈 공격"은 "자유와 민주주의를 겨눈 공격"이나 다름없다고 흥분했다. 결국 기후 보호 운동가들은 엘리트 의식에 절어 있는 이들이라서 기후 보호를 "예술"로 보고 있다며 조롱하기도 했다.[3] 논평가들은 예술작품 자체가 전혀 손상을 입지 않았다는 점에는 관심조차 가지지 않았다(그리고 기후 보호가 무엇보다도 가장 어렵게 살아가는 계층을 위한 프로젝트라는 점은 더욱 무시되었다). 실상을 정확히 보도하는 매체가 나타나기까지는 몇 주 걸렸다. 라디오 방송 'FM4'는 "클림트 작품의 액자 유리에 기름칠하다"라는 제목으로 이벤트를 정확히 보도했다. 물론 기사 본문에는 이 기름칠로 작품 자체가 손상될 수도 있었다고 덧붙이기는 했지만.[4]

　그렇지만 이런 비판의 대다수는 예술을 지키자는 명분을 내세우면서도 실제로는 기후 보호 운동의 의미를 깎아내리려는 의도를 내보였다. 비판하는 사람 가운데 그 누구도 운동이 어떤 요구를 하는지 언급하지 않았다. '저스트 스톱 오일Just Stop Oil' 활동가들이 반 고흐의 그림에 토마토수프를 뿌렸을 때도 (그림은 유리 액자에 끼워져 있어 손상되지 않았다), 석유 사용을 멈추자는 그들의 요구는 한사코 무시되었다. 그들의 요구는 곧 단체의 이름이기도 해서 숱하게 거론되었지만 그 메시지에 주목하는 언론은 적었다. '마지막 세대'의 운동가들도 이벤트 덕분에 방송의 유명 토크쇼마다 출연하며, 입장을 분명히 밝힐 기회를 얻었다. 하지만 예술품을 겨누었다는 이유만으로 전체 논의는 기대와는 다른 방향으로 흘러갔다.

미술관에서 벌인 모든 이벤트에서 예술은 전혀 공격받지 않았다. 오히려 '마지막 세대'는 안전하고 건강하게 살아갈 생명권을 확보하는 데는 문화 자산의 보호 역시 중요한 역할을 한다고 강조했다. 운동가들은 기회가 있을 때마다 이런 논리를 알기 쉽게 설명했지만, 거의 아무도 이런 논리를 귀담아듣지 않았다. 다만 독일 공영방송의 토크쇼 사회자 마르쿠스 란츠는 온전한 생태계만이 예술을 창작하고 감상할 수 있는 기본 조건들, 곧 평화와 안전과 번영을 마련해준다는 논리를 알고 있는 듯 보였다. 그는 방송에서 이런 말을 했다. "내가 알기로 돌로미티 산맥에는 어떤 경우에도 물이 들어차지 않을 곳이 있습니다. 비상시에는 예술작품을 그런 곳에 보관하는 것도 좋은 방법이죠."[5] 그런데 기후 위기로 빚어질 파국으로부터 보호하기 위해 알프스의 안전한 곳으로 예술작품을 대피시키는 건 생각할 수 있지만, 그런 파국을 막기 위해 미술관에서 시위를 하는 건 지나친 걸까? 마르쿠스 란츠는 활동가 카를라 로셸에게 예술을 사랑하는 마음이 부족하다고 질타했다. "그런 짓을 하는 사람이 예술을 사랑한다고 할 수는 없죠." 이 발언은 고급 교양을 자랑하는 부르주아의 태도를 잘 보여준다. 예술과 음식을 가지고 노는 것은 안 되지만, 미래를 가지고 노는 건 괜찮다는 식이다.

마침내 그때까지 시민 불복종 운동이 어떻게 이뤄지는지 거의 관심이 없었던 인물이 나서서 선심 쓰듯 운동 전술에 공짜 과외를 해주기도 했다. "토마토주스를 값비싼 예술작품에 뿌리는 행동이 기후 저항운동과 무슨 상관이죠? 먹다 남은 죽을 아름다운 명화에 던지는 게 기후 저항과 무슨 상관이냐고요?" 독일 총리 올라프 숄츠Olaf Scholz는 RND*와의 인터뷰에서 이렇게 물었다.[6] 그는 자신이 보기에 그런 이벤트는 아무 소용이 없다며 그 시위는 "앞뒤를 잘 생각하지 않고 한 것" 같다고 이야기했다. 이 운동가들은 세상을 "떠들썩하게 자극하지 않는" 뭔가 다른 방법을 짜냈어야 한다는 충언을 총리는 아끼지 않았다. 참

---

* 'RND'는 'Redaktionsnetzwerk Deutschland'(독일 편집장 네트워크)의 약어로, 2013년에 창설된 통신사이며 지역 신문의 편집장들에게 뉴스를 공급하는 매체이다.

으로 놀라운 일이 아닐 수 없다. 우유부단해서 아무 소리를 내지 않는 총리가 시끌벅적한 저항 투사에게 한 수 가르쳐 주겠다니. 운동가 카를라 힌리히스는 유명 토크쇼 〈안네 빌〉에 출연해 쓸데없는 짓을 했다는 비슷한 비난을 들어야만 했지만, 그래도 황금시간대 생방송에서 정부가 기후 보호와 관련해 범죄를 저지르고 있다고 법무부 장관 마르코 부슈만Marco Buschmann에게 몇 번씩이나 지적할 수 있었다.

'마지막 세대'의 미술관 이벤트와 마찬가지로 이들이 벌인 다른 이벤트도 뜨거운 논란을 일으켰다. 이를테면 수도 베를린의 도로를 점거해 교통을 마비시킨 사건이 대표적이다. 이런 논란은 저항운동을 늘 따라다니는 근본적인 물음을 불러일으킨다. 무슨 목적이 어떤 수단을 정당화할까? 2023년 가을, 예술작품을 염려하던 마르쿠스 란츠에게 카를라 로셸은 이렇게 답했다. "우리가 [일상을] 흔들어 놓지 않았다면, 어떻게 갓 스무 살인 제가 이 토크쇼에 출연해 기후 재앙을 주제로 토론할 수 있을까요? 물론 매일 거리를 점거하거나, 미술관 이벤트를 벌이는 게 여러분을 불편하게 한다는 것은 알아요. 하지만 우리 모두가 애써 무시하고 넘어가려는 문제를 상기시키려면 달리 방법이 없잖아요." 그녀의 이런 지적은 전적으로 옳다. 우리는 대개 이미 오래전에 현실로 다가온 기후 재앙을 한사코 외면하고 있지 않은가.

이런 외면과 무시를 깨려는 일차적인 목표를 '마지막 세대'

는 성공적으로 달성한 것으로 보인다. '마지막 세대'는 그리 많
지 않은 인력과 얼마 안 되는 예산으로 아주 빠른 시간에 자신
들의 존재와 주장, 목적을 대중들에게 널리 알릴 수 있었다. '마
지막 세대'와 그 자매 단체인 '멸종 반란'과 '저스트 스톱 오일'의
활동을 언론은 앞다투어 보도했다. 이전에는 오로지 '미래를 위
한 금요일'만 받을 수 있던 관심이었다. 이들의 활동을 담은 동영
상은 수백만 번의 조회수를 기록했고, 《뉴욕 타임스》가 논평의
대상으로 삼았으며, 국가 원수들이 이와 관련한 견해를 밝혔다.

　　그러나 오래 지나지 않아 운동을 겨눈 반격이 시작되었다.
자전거 타던 시민이 레미콘에 치여 사망한 안타까운 사고를 빌
미로 언론은 일제히 반격의 포문을 열었다. 불편한 진실을 전하
는 운동가의 입을 막으려는 언론의 의도는 흘려볼 수 없을 정도
로 뻔뻔했다. 언론은 '마지막 세대'가 도로를 봉쇄한 시위를 벌
인 탓에 구급차가 사고 장소에 제때 도착하지 못한 것이 결정
적인 사망 원인이라고 비난했다. 특히 보수주의 성향 언론사인
슈프링거* 계열의 신문은 그 전형적인 선동전을 서슴없이 벌였
다("그건 너희 잘못이야, 이 기후 골통들아"). 심지어 높은 품격과 신

---

*　악셀 슈프링거 주식회사는 독일 최대 규모의 출판 언론으로 《빌트Bild》, 《벨트Welt》,
《폴리티코Politico》, 《팍트Fakt》 등 여러 신문을 발행한다. 1946년에 창설된 이 기업
은 보수 성향이 매우 강한 언론사이다.

뢰도를 자랑하는《도이칠란트풍크Deutschlandfunk》같은 언론조차 구체적인 사건 발생 경위가 확인되기도 전에 운동가들에게 사고에 대한 책임을 물었다. 자유민주당FDP의 정치가로 의원을 지냈으며 현재 러시아에 독일 대사로 파견된 알렉산더 그라프 람프스도르프Alexander Graf Lambsdorff는 곧장 트위터에 '마지막 세대'가 책임져야 할 "최초의 사망 희생자"를 애도한다고 썼다.[7] SPD 출신으로 현재 내무장관을 맡은 낸시 페저Nancy Faeser 역시 득달같이 글을 올렸다("정당한 시위가 지켜야 할 경계를 넘었다"[8]). 법무장관 마르코 부슈만도 성급한 선입견과 평가절하로 거들었다("어리석은 짓"[9]). CSU 원내총무 알렉산더 도브린트Alexander Dobrindt는 '기후 적군파'의 출현을 조심해야 한다고 경고했다.[10] 저널리스트 라인하르트 뮐러Reinhard Müller는《프랑크푸르트 알게마이네 차이퉁Frankfurter Allgemeine Zeitung, FAZ》에 기고한 기사에서 다음과 같이 가르치려 들었다. "테러는 이런 식으로 시작한다. 만약 다른 목표를 가진 집단이 이런 행위를 벌였다면 이미 오래전에 독일 헌법수호청에 테러 집단으로 지목되어 심각하게 다뤄졌을 것이다."[11]

신중하고도 사려 깊게 문제에 접근하는 시각은 예외에 가까울 정도로 드물었다. 시사주간지《슈피겔》의 기자 소피 가르베Sophie Garbe가 "기후 활동가에 관해서 터무니없는 상상과 극단적인 묘사가 판을 치고 있다"고 썼듯이, 이 논란에서 "무절제한 공격성"이 기후 운동에 가해졌다.[12] 심지어 슈프링거의 황색신문《빌트》는 끝내 기후 운동가에 대한 폭력을 부추기기까지 했다. "그들 스스로 도로에 피부를 붙였으니 그걸 뜯어내는 일도 감수해야 할 것이다."[13] 이런 선동의 결과, 운동가를 공격하는 동영상이 우후죽순처럼 나타났다. 이 모든 일은 어떻게 적에 대한 적개심을 조장하는지 알려주는 교본처럼 착착 이루어졌다. 베를린 당국은 도로를 점거하는 교통 방해 행위를 일일이 기록하고 통계를 냈다. 인터넷에서는 기후 저항운동을 향한 혐오 댓글과 살해 위협이 넘쳐났다. 이 소동은 1968년을 연상시켰다. 당시 슈프링거는 보수 우파의 도움을 받아 학생운동을 겨눈 적대감을 한껏 키웠으며, 그런 분위기 속에서 학생 시위대가 총격을 당하는 일도 벌어졌다.

심지어 기후 저항운동에 호의를 가진 진보좌파 진영에서도 반대의 목소리가 나왔다. 유명한 녹색당 정치가 젬 외즈데미르 Cem Özdemir와 레나테 퀴나스트Renate Künast부터 기후 연구가 모집 라티프Mojib Latif와 문화부 장관 클라우디아 로트Claudia Roth, 그리고 진보적인 언론 매체들까지 그런 방식은 역효과를 낳을 뿐이라고 단언했다. 교양을 뽐내는 자유주의 좌파들은 이런 저항운동에 본능적인 거부감을 드러냈는데, 독일의 저널리스트이자 문화 비평가인 플로리안 일리스는 발터 벤야민이 말한 "운동의 착각"을 끌어대며 이런 혐오감을 정당화했다.[14] 이 표현은 본래 벤야민이 1932년에 바이마르공화국 후기의 오만한 작가들을 비난하기 위해 쓴 말이다. 벤야민은 지식인이 세계를 지배해야 한다는 당시 몇몇 작가들의 주장이 현실과 완전히 동떨어진 착각이라고 꼬집었다. 다시 말해서 벤야민이 쓴 "운동의 착각"이라는 표현은 오늘날의 기후 저항운동과는 주제도 맥락도 완전히 정반대 의미를 담았다. 아마도 분통이 터진 나머지 이런 실수를 한 모양인데, 이 실수는 그동안 그가 기후 저항에 얼마나 무관심했는지 보여주는 징표이다. 2020년, 코로나로 인한 사회적 거리 두기를 반대하는 극우의 시위가 한창일 때, 극우 성향의 요리사 아틸라 힐트만\*이 사회적 거리 두기는 "사탄의 음모"라며 파괴적 시위를 선동했을 때, 앞서 언급한 진보좌파 가운데 그 누구도 주목하지 않은 점으로 미루어 볼 때 이들의 불만과 분노는 선택적으로 작용하는 듯하다.

아무튼 기후 운동가들은 기성세대의 신경을 곤두서게 할 약점만큼은 정확히 찾아냈다. 인간의 영혼에 털끝만큼도 생채기를 입히지 않고, 실제로 파괴를 저지르는 일도 없이, 기후 운동가들은 다른 어떤 시위보다도 짧은 시간 안에 더 많은 존재감

---

\* 1981년생 터키계 독일 요리사로 채식주의 요리책을 써서 유명해진 인물이다. 코로나 팬데믹 동안 극우의 음모론을 퍼뜨리며 여러 차례 테러를 선동함으로써 수배당해 도피 중이다.

을 얻었다. 이들은 여러 시사 토크쇼에 나갔으며, 다양한 질문에 답하며 감탄을 주기도 했고, 사랑받는 한편으로 미움받기도 했다. 하지만 기이하게도 이들이 구사한 전략은 진지하게 받아들여지지 않았다. 성공적인 시위는 어때야 하는지 말해주는 교본대로라면 기후 저항은 모든 걸 올바로 해냈다. 트리거 이벤트의 관점에서 시위는 미인대회나 인기 갈라쇼처럼 그냥 관심만 모으는 행위가 아니다. 무엇이 진짜 문제인지 정확하게 경종을 울려야 한다. 그리고 이들의 활약으로 정부는 실제로 기후 보호 문제에 매우 높은 경각심을 가지게 되었다. 하지만 이 사례는 저항의 목적 및 수단과 관련해 무엇을 말해줄까? 부정과 불의를 알리기 위해서라면 법을 위반하는 수단도 허용되는가? 이 물음은 평화로운 저항이 어때야 하는지 고민해온 인류의 긴 사상사를 돌아보도록 우리를 안내한다.

미술관 작품 유리에 감자죽을 던지기 이미 오래전부터, 아리스토텔레스에서 시작해 한나 아렌트를 거쳐 위르겐 하버마스에 이르기까지, 철학은 목적과 수단 사이의 올바른 관계가 무엇인지 고민해왔다. 최초의 정치철학자라 불러도 손색이 없을 아리스토텔레스는 『니코마코스 윤리학』에서 '정의'를 무엇보다도 법을 지키는 것이라고 정의한다. 후대의 많은 사상가는 아리스토텔레스가 펼쳐놓은 생각을 발판 삼아 부당한 법을 거부할 권리, 나아가 부당한 법을 거부할 의무를 설명하려고 시도했다. 오늘날 우리가 알고 있는 '시민 불복종'이라는 개념을 빚어내고 그 용어를 창시한 이는 미국인 헨리 데이비드 소로이다. 가장 좋은 의미에서 반골인 소로는 교사 생활을 하던 1839년에 이미 제자를 체벌하라는 교장의 명령을 거역해 교직을 잃었다. 1846년에는 정부가 인두세를 요구하자 이를 거부해 감옥에 갇히기도 했다(감방에는 단 하루만 갇혔으며, 이튿날 숙모가 세금을 대신 내주어 풀려났다). 소로는 납세 의무를 거부한 자신의 태도를 이렇게 설명했다. "나는 단 1초도 노예제를 허용하는 정치 조직을 나의 정부로 인정할 수 없다."**15** 이로써 소로는 다음과 같은 결론을 내린다. "노예제 국가에서 자유인이 명예롭게 살 수 있는 유일한 집은 감옥이다."**16** 부당한 법은 거부할 수 있다. 아니, 거부해야만 한다. 그래야 우리는 부당한 일을 하는 공범이 되지 않는다고 소로는 강조한다. "법이 타인에게 부당한 일을 강요하도록 만들어졌다면, 분명히 말하건대, 법을 깨라!"**17** 소로는 여기서 국가를 거듭 기계에 비유하며 마찰이 일어나면 기계가 멈추듯, 국가가 부당한 일을 하면 마찰을 일으켜 막아야 한다고 말한다. "기계를 멈춰 세울 마찰력이 되는 삶을 우리는 살아야 한다."**18**

국가와 정부를 근본적으로 인정하지 않은 소로를 두고 오늘날 사람들은 자유주의자라고 부른다. 소로는 개인이 자연환경과 조화를 이루는 삶을 살려 노력해야 한다는 생각을 1854년에 발표한 작품 『월든: 숲속의 삶Walden or the life in the Woods』에 담아냈다.[19] 소로는 이런 생각에 충실하게 매사추세츠 숲속 오두막에 홀로 살며 생태 개인주의를 실천했다. 그로부터 몇십 년도 지나지 않아 모한다스 카람찬드 간디가 요하네스버그의 감옥에서 소로의 글을 정독하지 않았다면, 이 미국 괴짜는 아마도 까맣게 잊히고 말았을 것이다. 전설에 따르면, 소로의 책을 읽고 깊은 감명을 받은 간디는 훗날 오로지 허리에 두른 천과 실 잣는 물레로만 무장해 대영제국을 무릎 꿇리고 '위대한 영혼'이라는 뜻의 마하트마라는 칭호를 얻게 되었다.[20]

1914년 인도로 귀향해 해방운동의 투쟁을 시작하기 전에 이미 간디는 사티아그라하, 글자 그대로 "진리의 확보"라는 자신의 사상을 키웠다. 간디는 남아프리카공화국에서 전쟁 중인 식민 통치자 밑에서 인도인으로 구성된 의료부대를 조직하는 일을 맡았으면서도, 차별당하는 인도인을 해방시키고자 했다. 그의 평화적인 저항운동은 성공을 거두어 이른바 '인도 구호법Indian Relief Act', 곧 인도인을 차별하는 법을 폐지하는 새로운 법이 제정되는 데 이바지했다. 그런 뒤 간디는 인도로 돌아갔다. 그는 이제 비폭력 저항의 전술을 익히 아는 노련함과 더불어, 위대한 운동을 이끌기에 충분한 정신력도 갖추었다. 간디는 부당한 법에 맞서는 것은 권리이자 의무라는 생각을 소로에게서 확실하게 받아들였다. 그리고 나중에 또 한 명의 위대한 저항 투사, 바로 침례교 목사 마틴 루서 킹 주니어에게 영감을 주었다.

킹 주니어의 아버지는 1943년 베를린에서 열린 국제 침례교 대회에 참석해 다른 참가자들과 함께 마르틴 루터가 활동한 장소를 돌아보고, 저항으로 가톨릭교회를 뿌리째 흔들어놓은 이 종교개혁가에게 깊은 감명을 받았다(마르틴 루터가 세운 새로운 기독교 종파에는 '저항하는 사람들'이라는 뜻의 '프로테스탄트protestant'라는 이름이 붙었다). 그래서 그는 자신은 물론이고 다섯 살 아들 마이클의 이름도 이 독일 아이스레벤 출신 아우구스티노회 수도사 마르틴 루터의 이름으로 개명했다. 킹 시니어는 아들이 훗날이 이름에 걸맞게 위대한 발자취를 남기리라고 상상도 하지 못했으리라. 소로의 사상과 간디가 인도에서 보여준 모범적인 저항에 큰 영감을 받은 킹은(그는 1957년 인도에 직접 찾아가기도 했다) 확신을 가지고 시민권 운동에서 개인이나 집단이 직접 정치적 의사를 표시하는 '직접 행동Direct Actions' 형태의 비폭력 저항을 추구했다. 특히 정치적 협상이나 무장 폭력도 아무런 진전을 가져오지 못하는 걸 보고서는 더욱 그러했다.

1963년, 버밍햄의 감옥에서 쓴 그의 유명한 편지에는 이런 구절이 나온다. "애석하게도 인류 역사에서 특권층이 그 특권을 자발적으로 내려놓은 일은 없었습니다."[21] 바로 그래서 부당한 법을 어겨도 좋은가 하는 물음은 핵심적인 사안이 아니다. 오히려 반대로 우리는 이렇게 생각해야만 마땅하다. "저는 자신의 양심에 비추었을 때 부당하고 여겨지는 법을 어기고, 그렇게 해서 이웃 시민의 양심을 일깨워 이 법의 부당성을 보여주는 사람이야말로 법을 가장 존중하는 인물이라고 주장합니다." 더 나아가 킹은 우리에게 다음과 같은 사실을 상기시킨다. "히틀러가 독일에서 한 모든 일은 '합법적'이었으며, 헝가리의 해방투사가 한 모든 행동은 '불법'이었습니다."* 어겨야 할 법과 지켜야 할 법은 어떻게 구분할까? 킹은 이 구분을 위해 고대 로마 철학자 아우구스티누스가 쓴 글을 인용하며("부당한 법은 법이 아니다"), 토마스 아퀴나스의 논리를 빌려 다음과 같이 강조한다. "인간의 인격을 타락시키는 모든 법은 부당합니다. 인종차별은 인간의 영혼을 뒤틀고 인격에 해를 끼칩니다."[22] 이로써 킹이 말하고자 하는 바는 명확해진다. 인종을 차별하고 분리하는 모든 법은 부당하다. 이런 죄악에 우리는 반드시 맞서 싸워야만 한다. 부당한 법에 맞서는 저항의 모범을 킹은 초기 기독교인에게서 찾는다. "로마제국의 부당한 법에 굴복하느니 이들은 굶주린 사자와 고문의 고통을 택했습니다." 킹의 눈에는 철학자 소크라테스 역시 이런 모범을 보여준 인물이다. 오늘날 우리는 소크라테스의 "시민 불복종" 덕분에 "학문의 자유"를 누리기 때문이다.[23] 킹이 보기에 "자유로 나아갈 길"을 가로막는 가장 큰 장애물은 흥미롭

---

* 1956년 헝가리의 소련 종속에 반대해 일어난 헝가리 혁명의 선봉에 섰던 사람들을 말한다.

게도 "큐 클럭스 클랜Ku Klux Klan, KKK"과 같은 백인 인종차별주의자가 아니라, "온건한 백인, 정의보다는 '질서'를 더 중시하는 백인"이다. "이들은 정의가 살아 있는 적극적인 평화보다 긴장 관계가 없는 소극적인 평화를 더 선호하며, 줄곧 이렇게 말합니다. '당신의 목적에 동의하지만 방법에는 동의할 수 없습니다.'"[24] 어디서 많이 들어본 말이 아닌가? 기후 운동가들과 그 저항의 방법을 두고 쏟아진 바로 그 비난이다.

나중에 정치 사상가 존 롤스와 한나 아렌트는 시민 불복종 문제를 이론적으로 고찰했다. 하버드의 철학 교수였던 롤스는 1971년 『정의론A Theory of Justice』을 발표했다. 이 책에서 롤스는 "거의 정의로운 사회"라는 개념을 제시한다. 정의를 근본 원칙으로 추구하는 사회, 예를 들어 선출된 대표자들이 사회의 모든 구성원이 지켜야 하는 법을 제정하는 의회 민주주의 사회에서는 법에 다소 부당한 점이 있다고 하더라도 그 법을 지켜야만 한다. 하지만 이는 그 법이 일정 수준의 불평등을 넘지 않을 때만 해당된다. 특히 사회의 소수집단을 체계적으로 괴롭히는 법에는 시민 불복종이 허용된다. 더 나아가 시민 불복종은 법을 준수해야 하는 의무와 자유를 지켜야 하는 의무 사이의 "의무 갈등"이 일어날 때 자유를 지키는 방향으로 갈등을 풀어줌으로써 사회의 헌법 정의를 안정시켜줄 수 있다고 롤스는 보았다. 그렇기에 시민 불복종은 "민주주의의 도덕 토대가 건실한지 가

능해볼 수 있는 시금석"이다. [25]

개인이 언제 어떻게 다수에 맞서 저항해야 할까? 롤스에 따르면, 이 질문을 가지고서 사회 전체가 얼마나 공정한지를 알아볼 수 있다. 이때 가장 먼저 살펴야만 하는 것은 어떤 법이 그 정당성의 토대(이를테면 헌법)를 얼마나 훼손하느냐이다. 법과 정의 사이의 불일치, 모순, 괴리가 확인될 때 시민 불복종은 사회의 다수에게 이런 어긋남을 정확히 확인하자고 외치는 호소가 된다. 롤스는 이 호소를 할 때 폭력을 사용하지 않는 것이 절대적으로 중요하다고 보았다. 그리고 다수의 "시민 자유"를 존중해주어야만 한다. 시민 불복종은 부당한 법을 바꾸려는 모든 시도가 실패했을 때 선택해야 하는 "최후의 탈출구"이다. 시민 불복종이 외치는 호소는 누구나 받아들일 수 있게 설득력이 있어야만 하며, 또 합리적으로 계획되어야만 한다. 시민 불복종에 앞서 우리는 혹시 자신이 자의적으로 행동하는 것은 아닌지 철저한 양심 검증을 해야만 한다. 롤스는 차근차근 논리를 펼친 끝에 이런 결론을 내린다. 충분한 성찰을 거치며 설득력과 합리성을 갖춘 호소, 곧 저항이 "시민 평화를 위협하는 것처럼 보인다면, 그 책임은 저항하는 사람이 아니라 권력의 오용과 남용으로 저항이 일어나게 만든 세력이 져야만 한다". [26]

한나 아렌트는 자신의 윤리관을 다음과 같이 요약한다. "인간은 자기 자신과 조화를 이루며 살아야 한다." 전체주의를 연구한 아렌트는 인간을 (소로와 마찬가지로) 기계처럼 작동하는 체제와 엄격히 구분한다. 정치체제라는 기계는 국민 다수의 암묵적 동의가 있어야만 작동한다. 하지만 아렌트가 말하는 다수는 침묵하는 다수가 아니다. 아렌트가 강조하려는 것은 "할 말을 잃은 다수"이다. 현재의 부당한 권력을 비판하지 않는 사람은 이 부당함에 함께 책임져야만 한다. 하지만 비판하지 않는다고 해서, 이들이 체제에 동의하는 것은 아니다. 시민 불복종은 이들에게 말, 곧 언어를 되돌려준다. 한나 아렌트는 이런 논리로 장기적인 정의를 위한 단기적인 법 위반이 정당하다고 보는 사람들 편에 선다. 프랑스 철학자 미셸 푸코 역시 명확한 논리를 펼친다. 권력은 어디에나 있다. 권력을 행사하지 않고는 인간이 함께 살 수 없기 때문이다. 그리고 푸코가 보기에 저항은 권력과 "떼어놓을 수 없는 대립쌍"이다.[27] 그래서 푸코는 저항의 권리를 두 가지로 정리한다. 인권을 침해당한 사람은 저항의 "절대적인 권리", 곧 "떨쳐 일어나 권력자를 상대로 투쟁할 권리"를 가진다. 둘째, 저항의 "새로운 권리"는 "사적인 개인들이 정치와 국제관계에 개입해 적극적으로 자기 목소리를 낼 수 있는 권리"이다.[28] 푸코는 이런 결론을 내린다. "누가 우리에게 그런 일을 시켰는가? 아무도 없다. 그리고 바로 그 사실이 우리의 권리를 만들어낸다."[29] 개인의 자발적인 자유의지가 곧 권리의 바탕이라는 것이다.

더 실질적인 논의로 들어가보자. 독일에서는 1980년대 내내 원자력, '나토의 이중 트랙 결정', 인구 조사, 프랑크푸르트 서부 활주로 등을 둘러싼 격렬한 반대 시위*와 환경 보호 및 평등권 신장을 위한 운동이 벌어지면서 평화적인 저항에 알맞은 방법은 무엇인지를 놓고 격렬한 논쟁이 있었다(이 과정에서 처음으로 '시민 불복종'이라는 용어가 등장했다). 68세대의 운동은 한편으로는 여전히 독일 사회에 남아 있던 나치즘의 잔재를 청산하려는 지연된 저항으로, 다른 한편으로는 혁명적 마르크스주의라는 좌파 사상사의 일부로 이해되었다. 반면 1980년대의 저항은 계급투쟁과 혁명이라는 구호에 사로잡히지 않고, 미국식 시민 불복종 담론을 적극적으로 가져와 적용했다.[30] 독일 철학자 위르겐 하버마스는 시민 불복종이라는 형태의 저항이 어떻게 정당성을 확보하고 유지하는지 연구했다. 하버마스는 1983년 「시민

---

\*    '나토의 이중 트랙 결정'은 냉전 시절 나토가 동독을 비롯해 동유럽에 배치된 소련의 핵무기에 맞서 서독을 비롯한 서유럽에도 동일한 수준과 규모의 핵무기를 배치하기로 한 것을 말한다. 동유럽과의 교류 시도는 계속하되, 안보 차원에서 핵무기를 배치하기로 한 헬무트 슈미트 총리의 결정에 독일 사회는 격렬한 찬반 논쟁으로 몸살을 앓았다. '서부 활주로 시위'는 1980~1981년에 걸쳐 프랑크푸르트 공항의 확장공사로 129헥타르의 숲이 잘려 나간 것과 소음 공해에 반대해 일어난 시위를 가리킨다. 인구 조사와 관련한 갈등은 1981년에 계획된 조사가 개인정보까지 요구해 빚어진 논란을 가리킨다. 개인의 신상을 밝히도록 한 조사 설문은 인간의 자율성과 존엄성을 침해하는 것으로 여겨져 격렬한 반대에 부딪혔다. 그 결과 설문은 익명성을 철저히 지켜주는 쪽으로 바뀌었다.

불복종: 민주적 법치국가의 시험대. 독일 연방공화국의 권위주의적 준법주의에 반대한다」라는 제목의 논문에 이 연구 성과를 담아냈다.[31] 오늘날 하버마스의 텍스트를 읽어보면, 40년 가까운 세월이 흘렀음에도 독일 사회가 정말 배운 게 없다는 생각이 든다. 법과 질서를 강조하는 우파의 수사법이라든지, 평화적 저항마저 체제를 겨눈 폭력시위라고 몰아붙이는 보수 정치가들이나, 과소평가되는 경찰의 폭력의 문제 등 하버마스의 비판은 오늘날 읽어도 신선하다. 하버마스는 "억지로 꾸며낸 명백히 폭력적인 이분법"을 비판한다.[32] 이를테면 시위대를 "온건한 시위대"와 "폭력을 일삼는 범죄적 시위대"로만 갈라놓을 뿐, 그 중간을 두지 않는 것이다. 이런 "권위주의적 준법주의"에 맞서 하버마스는 시민 불복종이야말로 "성숙한 정치 문화의 핵심 요소"라고 이야기한다.

그는 시민 불복종은 그만큼 민주주의를 신뢰한다는 표현으로 읽어야 한다고 강조한다. 다른 의견을 민주적으로 받아들여 줄 것이라는 신뢰가 바탕에 깔려 있어야만 저항이 목소리를 낼 수 있기 때문이다. 그만큼 우리는 시민 불복종을 존중하고 진지하게 받아들여야 한다. 그것이 불편을 주는데도 불구하고 참고서 그러는 게 아니라, 오히려 그것이 바로 불편을 **주기** 때문에, 그리고 불편을 **주는 방식** 때문에 존중하고 받아들여야 한다. 시민 불복종은 도덕적으로 정당하고, 공개적이며, 비폭력적이고, 의도적으로 법을 위반하되 사법적 결과는 감당하겠다는 성숙한 자세를 보이는 행위이다. 법치국가는 스스로 잘못된 길로 나아갈 수 있다는 사실을 인정하면서, 국민이 "도덕적으로 정당한 실험"으로 "국가를 의심"할 수 있게 허용해주어야 한다. 처음에는 성가시고 불편할지라도 그래야 잘못을 바로잡고 고쳐나갈 기회를 얻는다. [33]

이제 사상사에서 다시 오늘날의 논란, '마지막 세대'와 이를 둘러싼 소동으로 돌아와보자. 소로가 법 위반의 정당성을 노예제의 심각한 비인간성에서 찾았다면, '마지막 세대'는 정확히 무엇을 근거로 저항의 정당성을 확보할 수 있을까? 하버마스는 운동을 평가할 기준은 "오로지 모두가 인정하는 도덕 원칙"이라고 짚었다. 근대 법치국가의 근간은 도덕 원칙이라고 그는 부연한다. "법을 위반하는 사람은 선택한 저항 방법이 상황에 실제로 적절한지 매우 꼼꼼하게 살펴야만 한다." [34] 저항의 정당성은 그 수단만큼이나 목적에도 달려 있다. 누군가는 직접적인 억압, 이를테면 법으로 정해진 인종차별과 소수 민족을 겨냥한 실질적 폭력(킹 목사가 맞서 싸웠던 것과 같은)이 장기적으로 이뤄지고 간접적으로만 인지할 수 있는 환경 파괴보다 훨씬 더 확실한 저항의 근거라고 이야기할지도 모른다. 게다가 환경 파괴는 다소 정도의 차이는 있을지라도 우리 모두가 거들거나 방조하고 있으며, 심지어 환경 운동가들 자신도 예외가 아니다. 요컨대, 환경 문제는 직접적으로 와닿기 쉽지 않은 사안이라는 것이다. 이와 달리 1983년의 '나토 이중 트랙 결정'으로 촉발된 저항, 원자폭탄이라는 가공할 살상 무기를 겨눈 그 저항은 직접적으로 와닿는 위험을 반대한 것이기에 큰 호소력을 가졌다.

그러나 내가 보기에는 오히려 그 반대가 사실이다. 손상되지 않은 생태계, 이른바 '생명의 토대'야말로 정의가 성립할 조건이다. 생태계의 파괴는 사회 계층과 인종 집단 사이의 모든 불평등을 심화한다. 생명의 토대가 흔들리고, 자원이 부족해지고, 분배 투쟁이 격해지고, 난민 발생으로 인구 이동이 폭발적으로 늘어날 때 인류 문명이 이룩한 성과, 예를 들어 인권과 민주주의와 소수 소외 계층의 해방은 심각한 위협을 받는다. 오늘날의 풍요는 물론, 평화와 자유와 상대적인 평등은 안정적인 생태 덕분에 누리는 축복이다. 안정적인 생태를 잃는다면, 우리는 모든 걸 잃는다.

바로 그래서 생태 파괴를 막으려는 저항은 직접적인 억압에 대항하는 저항만큼이나 정당하다. 아니, 어쩌면 더 정당할 수도 있다. 생태 파괴를 반대하는 저항이 마지막 수단으로 헌법 원칙에 호소하며 청구한 헌법 소원 심판에 2021년 독일 연방헌법재판소가 독일의 기후 법률은 부족한 점이 많다고 판시한 것도 이와 같은 관점에 근거한다. "청원인, 그 가운데 매우 젊은 청년이 적지 않은 청원인"은 "잘못된 법 규정으로 (……) 자유를 누릴 권리가 심각하게 침해당했다." 당시 판결문 가운데 등장하는 표현이다. "온실가스 배출을 줄여야만 한다는 점은 헌법 원리만으로 충분히 도출될 수 있는 결론이다. (……) 이러한 미래의 온실가스 감축 의무는 사실상 모든 형태의 자유를 제한할 수밖에 없다. 인간 생활의 거의 모든 분야가 온실가스 배출과 연관되어 있기 때문이다. 따라서 2030년 이후 그 배출 제한을 대폭 강화한다면 자유는 극단적으로 제약받을 수밖에 없다."[35] 자유가 제한될 수밖에 없는 미래 세대를 위해서라도 환경을 보호하려는 노력을 소홀히 해서는 안 된다는 것이 이 판결의 요지이다. 헌법에 명시된 상위 가치의 위반을 이보다 더 명확하게 적시한 판례는 찾아볼 수 없을 것이다.

현재 일각의 법적 논의는 시민 불복종을 더 이상 우리의 가치 질서를 거스르는 위반이 아니라, 오히려 가치 질서를 바로 세우고자 하는 노력으로 평가하는 경향을 보이고 있다. 제정 분리가 이뤄진 입헌국가, 헌법을 그 근간으로 삼는 법치국가의 특징은 복종을 요구하는 것이 아니라 국민의 자발적 복종을 얻어내야만 한다는 점이다. "나는 복종하지 않아도 된다는 권리를 가졌기에, 복종한다." 독일의 여성 법학자 자미라 아크바리안Samira Akbarian이 박사학위 논문「시민 불복종은 헌법 해석이다」에 쓴 문장이다. "그래서 불복종은 위험이 따르는 행위이지만, 바로 그렇기 때문에 민주주의를 바로 세우는 행위이기도 하다."[36]

법을 위반하면서도 합법적 정당성을 확보할 수 있으려면 저항은 도덕적으로, 정치적으로, 사회적으로 투명해야만 한다. 그리고 저항은 그 뜻하는 바를 누구나 쉽게 이해할 수 있게 보여주고 들려주어야만 한다. 내가 보기에 바로 이것이 오늘날 파괴적인 수단을 사용하고 있는 많은 운동이 정당성을 확보하지 못하는 결정적 원인이다. 대다수 국민이 도대체 뭐가 그리도 절박하다는 것인지 이해하지 못하는 마당에, 마음을 열고 호응해줄 리 없다. 예술을 항의의 소재로 삼은 '트리거 이벤트'는 아주 탁월했다. 하지만 시위가 정당성을 얻으려면 그런 행동이 더 잘 설명되었어야 했다. '모든 것이 생태 위기와 떼려야 뗄 수 없이 맞물려 있다'는 저항의 핵심적인 메시지는 사람들 속으로 충분히 파고들지 못했다. 좋은 것, 참된 것, 아름다운 것, 예술을 포함한 이 모든 것이 생태 위기로 위협을 받는다는 사실을 충분히 일깨우지 못했다. 지구 온난화로 빚어질 재난이 어느 정도인지 그 심각성을 충분히 잘 이해한다면, 사람들은 평화 시위가 쓰는 모든 방법이 정당하다고 받아들인다. 최소한 저항의 사상사는 그런 사례를 충분히 확인해준다. 하지만 내가 보기에는 기후 문제의 심각성은 강력하고도 효과적으로 부인되고 있다. 불의가 대개 그렇게 부인되듯이.

'마지막 세대'가 벌인 도로 봉쇄 역시, 엄밀하게 볼 때 임박한 기후 재앙의 피해를 생각한다면, 자유를 침해할지라도 정당할 수 있다. 하지만 도로 봉쇄는 미술관 이벤트보다 더 대중의 공감을 받지 못했다. 왜 보통의 사람들이 정치인과 다른 권력자들이 게을리해서 빚어진 피해를 감당해야 할까? '마지막 세대'는 여러 달 동안 이런 형태의 운동을 벌였음에도 대중을 납득시킬 만한 확실한 설명을 내놓지 못했다. 그저 여론의 주목을 받을 수 있는 효과만 노렸을 뿐이다. 그에 비해 운동이 내건 요구는 조촐한 수준이어서 이를테면 한 달에 대중교통을 마음껏 이용할 수 있는 9유로 승차권과 고속도로 제한 속도 시속 120킬로 등 이미 부분적으로 일부 시행되는 정책 정도였다. 그런 요구는 금방 무시되고 잊혀졌다. 그래서 나는 2024년 1월 29일 교통을 방해하는 도로 봉쇄는 하지 않겠다고 '마지막 세대'가 선언한 것은 올바른 선택이라고 본다.

위기를 한사코 부정하고 외면하려는 압력에 맞서 위기에 대처할 생산적 방안을 찾는 일이야말로 기후 저항운동의 첫 번째 과제이다. 이 장에서 우리는 어떻게 해야 이 과제를 해낼 수 있는지 살폈다. 우리 시대의 가장 귀중한 자원인 관심을 모으는 과제는 성공적으로 수행되었다. 하지만 이 관심이라는 자원을 둘러싼 투쟁은 흔히 오해되고 곡해되곤 한다. 그 내용을 다음 장에서 다루어보겠다.

# VIII.
# 관심의
# 생태계

우리 인간은 일반적으로 지나치게 많이 안다. 자신과 세계를, 우리에게 닥칠 위험과 파괴의 가능성을 너무 많이 알고 있다. 심지어 우리 자신이 언젠가는 죽을 수밖에 없는 유한한 존재라는 사실도 아프게 의식한다. 바로 그래서 정신 건강을 관리하는 가장 중요한 방법 가운데 하나는 불편한 진실을 애써 잊으려는 심리 작용이다. 산책하러 나가기 전에 혹시 교통사고가 나는 건 아닌지 걱정을 누르지 못한다면, 우리는 집 밖으로 한 발짝도 나갈 수 없다. 하지만 그렇다고 산책하지 않는 사람은 거의 없다. 또 세상에서 실제 벌어지는 온갖 불의, 천인공노할 불의를 참을 수가 없어 일상생활에 지장을 받는 사람도 거의 없다. 심지어 우리 대다수는 현재 과학적으로 매우 신빙성이 높은 시나리오, 곧 자연을 함부로 훼손한 잘못, 다른 누구도 아닌 우리 자신의 잘못으로 머지않아 지구가 멸망할 거라는 시나리오에도 끄떡하지 않고 일상을 살아간다. 일상을 살아가는 것만도 힘에 부치기 때문일까? 어떤 사람들은 이렇게 말할 것이다. 비가 내리는 우중충한 화요일에 8시간 근무를 하고, 저녁에는 치과 예약도 잡혀 있는데, 20년 뒤 또는 심지어 200년 뒤 인류 또는 세상에 일어날 일에 내가 왜 신경 써야 하나? 인간으로 살아간다는 것은 잘못된 세상에 두 눈을 감고서 적어도 자신은 잘 살아가고 있다고 스스로를 속이는 일이 아닐까? 그저 하루하루 열심히 살겠다는 태도를 뭐라고 평가하고 싶지는 않다. 나도 별

반 다르지 않으니까. 나 역시 아침에 일어나 상쾌한 기분을 느낄 때가 많다. 세계 곳곳에 고통받는 사람이 많다는 걸 알면서도 말이다. 그리고 이런 태도는 지극히 자연스럽다. 진화론에 따르면 우리 인간이라는 종이 온갖 참상과 모순에 적응하며 사는 것이 자연스럽고 '적합'한 일이라고 하지 않는가. 누군가 도덕적으로 매일 매 순간 양심의 가책을 곱씹는다면 그런 사람은 일상을 살아갈 수 없을 것이다.

그러나 저항운동은 바로 이 끈질긴 심리적 억압에 마침표를 찍고자 한다. 부당하고 파괴적이거나 위험한 '정상', 뭘 그리 따지냐며 이대로 살자는 '정상'을 말하는 사람에게 저항운동은 "아니, 그건 아니다!"라며 스스로 선택한 무지에서 빠져나오라고 외친다. 저항은 무엇보다도 일상의 어두운 그늘에 빛을 비추며 제발 이런 실상에 눈감지 말라고 호소한다. 그 그늘에 숨겨진, 폭로되어야 마땅한 참상만으로도 저항은 충분한 정당성을 얻는다. 미셸 푸코의 말마따나 누가 시켜서 하는 일이 아니다. 번거롭고 힘든데도 자발적으로 나서는 이런 태도가 저항에 의미를 실어준다. 저항은 큰 목소리로 외쳐야 한다. 그래야 다른 사람들이 그 항의를 알아듣기 때문이다. 그래야 참상이 더는 외면받지 않기 때문이다. 저항하는 사람은 더는 일상을 살 수 없다. 최소한 단기적으로는. '정상'은 더는 정상일 수 없다. 바로 이런 관심이 모든 저항의 첫 종잣돈, 가장 중요한 자산이다. 숀 펜이 연기한 하비 밀크는 영화 〈밀크〉에서 이런 말을 한다. "정치는 하나의 연극입니다. 승리가 중요한 것이 아니죠. 중요한 건 입장을 표명하고 주장을 하는 겁니다. 말하자면 '나 여기 있소'라고 말하며 주목을 끄는 겁니다."[1] 하지만 이 말이 과연 옳을까? 정말 되도록 많은 사람의 관심이라는 달콤한 꿈이 만사를 해결해주는 묘약일까?

독일의 도시계획 전문가이자 철학자인 게오르크 프랑크가 1998년에 발표한 획기적인 책『관심의 경제Ökonomie der Aufmerksamkeit』에서 확인하듯, 우리가 '여론'이라 부르는 담론 공간은 '관심의 경제'가 지배한다. 명성, 명망, 유명세 등은 우리 인지 차원의 자원인 '관심'이 자본이 되었다는 사실을 여실히 보여준다. 관심은 자본처럼 일정 정도 축적되면 저절로 이자가 붙듯이 계속 몸집을 불려나간다. 관심이 계속 새로운 관심을 부른다. 이런 자본 축적을 하지 못한 사람은 매일 자투리로 남은 관심을 놓고 서로 차지하려는 분배 투쟁을 벌여야만 한다.

아무튼 중요한 건 관심을 누구에게 왜 '주어야' 하는지 거의 매일 새롭게 제기되는 질문에 답하는 것이다. 다시 말해, 무엇이 중요한 의제이며 누가 그것을 어떻게 정해야 하는지 다루는 '메타 논의meta-discussion'가 필요하다. 나는 의식적으로 '준다'는 단어에 따옴표를 썼다. 이 단어가 관심을 "경제적 지불"(원문 그대로)의 대상으로 본 게오르크 프랑크의 논리와 정확히 맞아

떨어지는 한편, 오해를 불러일으킬 소지도 다분하기 때문이다. 관심은 선물로 그냥 주어지는 경우가 전혀 없다.* 관심은 언제나 대가를 요구한다. 시간과 에너지 그리고 경제학이 '기회비용'**이라 부르는 것이 대가이다. 무엇인가에 약간이라도 관심이 갔다면 그만큼 다른 데 쏟을 관심이 **줄어들었다**는 의미이다.

이와 관련해 논쟁은 끝도 없이 생겨날 수 있다. 왜 기관사 파업만 보도하는데? 간호사 파업은 파업도 아니야? 연예인이 이혼한다고 왜 이렇게 법석을 떨어? 경찰이 폭행해 희생자가 발생한 심각한 사건은 아무도 이야기하지 않으면서? 왜 어떤 법은 숱한 논란에도 슬그머니 통과되는 반면, 다른 법은 몇 주 동안 시끌벅적한 소란만 부를까? 심지어 법안을 둘러싼 여야의 소란한 협상이 우리가 보기에는 진짜 중요한 법 자체보다 더 관심을 끌까? 언론의 이런 생리는 그냥 그러려니 하고 넘겨서는 안 된다. 뭐가 뉴스이고 무엇은 아닌지 의제를 결정하는 사람은 정치 담론을 결정하며, 따라서 입법 과정에도 영향을 끼치기 때문이다.

그래서 예를 들면 시위와 파업 등으로 여론에 알려질 기회를 찾는 대중운동은 관심을 끄는 것에 최우선적으로 시간과 에너지

---

\* '준다'는 의미를 담은 독일어 단어 schenken에는 '선물하다'라는 뜻도 있다.

\*\* 어떤 하나의 재화를 선택함으로써 포기될 수밖에 없는 다른 재화 가운데 가장 가치가 큰 것을 이르는 경제학 용어이다.

를 투여한다. 사람들의 관심을 끌지 못하고서는 어떤 운동도 목적을 이룰 수 없기 때문이다. 오늘날 이른바 '미디어 민주주의' 국가에서 정치의 기본 시스템은 인물과 정책 프로그램 모두에서 관심과 매력을 통해 작동한다. 게오르크 프랑크는 이렇게 썼다.

> 정치는 벌써 오래전부터 오로지 여론에 알려진 것만으로 졸아들었다. 대중매체라는 미디어가 생겨난 이래, 정치의 본격적인 마당은 이 미디어로 국한되고 말았다. 정치는 미디어가 골라주는 주제를 받아 그럴싸하게 포장해서 미디어에 되판다. 아니, 그 이상이다. 정치는 미디어에서, 미디어를 위해 만들어진다. 미디어가 다뤄주지 않는 정치는 전혀 기회를 잡을 수 없다.[2]

바로 그래서 대다수 저항의 첫 번째 목표는 '의제 설정'이다. 의제 설정은 신문방송학에서 공개적 담론의 주제를 정하는 일을 부르는 표현이다. 쉽게 말해서 어떤 사안을 뉴스로 선택할지 결정하는 것이 의제 설정이다. 소셜미디어에 올라온 글 가운데 전파성이 강한 포스팅viral posting을 위주로 뉴스가 정해지는 일도 흔히 이뤄지는 의제 설정이다. 이른바 '레거시 미디어', 곧 오랜 전통을 자랑하는 대중매체가 뉴스를 선정하는 기준은 대개 새로운 소식이냐 아니냐 하는 것이다. 또 사회의 갈등을 고스란히 보여주는 주제가 주로 뉴스로 선택된다. 새로운 소식이나 갈등이야 저항운동이 간단하게 만들 수 있다. 소셜미디어와 그 알고리즘 역시 비슷한 법칙에 따라 작동한다. 그런데 문제는 정치 콘텐츠를 보는 관심이든 예능과 오락 콘텐츠에 쏟는 관심이든 같은 원칙에 따라 분배된다는 점이다. 즉 자극적인 콘텐츠일수록 더 많이 관심을 받는데, 그 때문에 분노나 공포를 자아내는 정치 사안이 더 쉽게 더 많이 공유된다. 기후 저항 운동가들이 미술관에서 벌인 이벤트가 그 좋은 예이다. 예술작품에 가해진 '공격'과 예술을 대하는 그들의 무례함에 화가 난 사람들은 이벤트를 비판하는 영상을 시청하고 공유했다. 운동의 방법을 두고 쏟아진 비난은 심지어 저항의 목적에 거부감을 품게 했다.

저항운동이라는 영역에서 관심이 높을수록 더 좋다는 평가는 오해를 빚어내는 주범이다. 관심이 어떤 종류인지, 그때그때 관심이 어떤 결과를 초래하는지 우리는 좀 더 면밀하게 살펴야만 한다. '좋은 관심'과 '나쁜 관심'을 구분해야 할 뿐만 아니라 (그리고 그런 관심의 높고 낮음만 보아서도 안 된다), 저항운동과 그 내용에 동의하는지 또는 거부하는지도 중요하게 봐야 한다. 앞으로도 거듭 확인하겠지만, 관심은 양보다 질이 더 중요하다. 그리고 저항은 장기적인 안목에서 전략을 수립하고 무슨 관심을 어떻게 활용할지 고려해야만 한다. 심지어 오해의 관심과 분노의 관심도 유용할 수 있다. 그래서 어떤 형태의 저항이 왜 그런 전술로 혼란을 자초해 사람들의 인기를 잃느냐는 비난을 듣는다면, 저항운동은 잠시 멈춰서서 과연 전술이 저항의 목표와 부합하는지 자문해야만 한다. 관심이 어떻게 거래되는지 하는 관심의 '경제'보다 훨씬 더 중요한 것은 관심의 '생태'이다. 다시 말해서 정치의 흐름과 맞물려 상호작용하는 관심의 생태를 우리는 주목해야만 한다.

관심의 생태는 할리우드와 셰익스피어의 색채를 짙게 띤다. 공적 공간에서 이뤄지는 토론과 이로 형성되는 여론을 좀 더 자세히 살펴보면, 토론이든 여론이든 미묘하고 섬세한 '스토리' 구조가 그 바탕에 깔려 있음을 알 수 있다. 이른바 '서사Narrative'는 항상 다음 세 가지 요소를 가진다. 누가 주인공Protagonist일까? 누가 적대자Antagonist일까? 그리고 이 대결은 어떤 가치를 위한 투쟁일까? 정치 토론은 거의 모두 이런 서사 구조를 바탕으로, 명시적이든 암묵적이든 윤리 가치를 명분으로 내걸거나 윤리 가치의 훼손을 문제 삼아 다툼을 벌인다. 이런 구도는 유구한 세월 동안 내려온 위대한 서사시와 할리우드 블록버스터에서 그대로 드러난다. 저항은 사회가 굳게 믿는 스토리 또는 정치적 영향력을 지닌 서사의 세 가지 요소를, 모두 다는 아니라도 최소한 하나를 문제 삼고 비난하는 행동이다. 지금 누군가 잘못 행동하는 바람에 이 지경이다. 아니, 아예 바탕부터 잘못된 사람이 나서서 설친다. 우리는 올바른 행동을 하려 하는데 강력한 적대자가 있다. 어째서 잘못된 가치에 따라 행동하나? 아니, 마땅히 지켜야만 하는 올바른 가치를 왜 위반하나? 적국의 침략을 받아 전쟁을 치르는 우방 국가에 무기 공급을 약속한 독일 연방 공화국 수상은 적국에 맞서는 용기와 이웃의 동맹을 돕는 주인공으로 자신을 치장하는 이야기를 한다. 야당은 수상이 국민의 안전을 간접적으로 위험에 빠뜨릴 정도로 경솔하게 행동한다고 비난하며, 이를 막아줄 주인공이 바로 자신이라고 장담한다. 한편 지원을 더 많이 더 빨리 해야 한다고 주장하며 거리로 나가는 이들의 이야기에서는 정부와 야당 모두 적절한 지원을 방해하는 적대자가 된다.

사회 운동을 조직하고 성장시키는 데 경험이 풍부한 빌 모이어*는 2001년에 발표한 책『민주주의를 행하라Doing Democracy』에서 "기득권층이 사회가 널리 공유하는 가치를 어떻게 훼손하고 위반하는지" 보여주는 "사회 드라마 운동"이 얼마나 중요한지 설명한다.[3] 모이어도 하비 밀크와 마찬가지로 "정치는 연극"이라고 강조한다. 저항이 연출하는 드라마는 어떤 특정 문제를 사회의 공적 토론장으로 끌어올린다. 드라마는 주인공(문제를 고발하

---

* 빌 모이어(1933~2002)는 미국의 사회 변혁 운동가로 1966년 마틴 루서 킹 주니어가 주도한 '시카고 자유 운동'에 참여했던 인물이다. 이후 사회 운동의 조직가로 활동해 왔다. 앞서 소개된 빌 모이어스와는 다른 인물이다.

고 해결하고자 하는 사람)과 적대자(문제를 일으키는 주범 또는 문제로 이득을 보는 사람)를 되도록 선명하게 대비하는 스토리 구도를 가진다. 할리우드 영화든 고대 드라마든, 좋은 스토리는 복잡하게 얽힌 도덕 가치와 신념을 되도록 단순화해 선명하게 그려낸다.

버스에서 자리를 비워달라는 요구를 거부하면서 로자 파크스는 국가 권력에 대항해 평등을 주장하는 투쟁의 주인공으로 발돋움했다. 그레타 툰베리는 매주 금요일 스톡홀름 시청 앞에서 일인시위를 벌이며 기후 재앙으로부터 미래 세대를 보호해달라고 정치에 요구했다. 1989년 동독의 라이프치히를 비롯한 여러 도시에서 수십만 명의 시위대가 "우리가 국민이다"라고 외치면서 억압적인 정권에게 누가 주권자인지 확실하게 보여주었다. 요컨대, 저항은 공유 가치가 훼손당하고 위반되었음을 상징적으로 압축해서 한 편의 이야기로 들려주는 방법이라 할 수 있다. 부정과 불의를 오해 소지가 없는 명확한 스토리로 보여줄 수 있는 저항만이 대중의 마음을 사로잡는다. 스토리라는 렌즈로 모든 저항운동의 형식과 내용을 관찰하면, 저항이 기존의 스토리에 도전해 개선과 변혁의 의지를 불태우며, 나아가 완전히 새로운 이야기로 대체하려고 한다는 점이 명백하게 드러난다.

결국 모든 저항은, 사회체계를 연구해온 사회학자 니클라스 루만*이 확인하듯, 그 저항의 대상인 사회체계의 일부이다. 심지어 사회체계를 뒤엎으려는 저항도 바로 그 체계의 존속에 이바지한다. 저항이 내는 반대의 목소리도 자신이 속한 사회체계의 매체와 언어를 이용할 수밖에 없기 때문이다. 관심의 생태를 의식해야만 하는 저항은, 제아무리 도발적이고 대담하다 할지라도, 문제가 되는 사안을 놓고 토론하기 위해 되도록 정밀하게 사회체계의 언어와 매체에 적응해야만 한다. 변화를 원한다면 저항은 사회체계 안으로 들어가야만 한다. 문제가 되는 사안을 해석할 스토리(누가 무엇을 주장하는가? 누가 그 적수인가? 어떤 가치를 실현하고자 하는가?)를 제공하지 못하는 저항은 사회 구성원의 공감을 얻어낼 수 없고, 집단의 마음속에 희망을 심어줄 수 없으며, 결국 사회에 아무런 영향을 줄 수 없다. 저항운동이 관심의 생태와 관련해 풀어야 하는 중요한 물음은 이렇다. 저항은 그 목적과 대상을 어떤 이야기에 담아 들려주어야 할까? 그리고 이 이야기에서 악당은 누구인가?

엔터테인먼트산업에서와 마찬가지로 저항의 경우에도 다뤄지는 가치가 얼마나 보편타당한지, 대중이 쉽게 이해할 수 있는지가 중요하다. 오스카상에 빛나는 영화 〈미스 리틀 선샤인〉의 각본을 쓴 마이클 아른트는 "약자 가치Underdog value"와 "지배 가

* 니콜라스 루만Niklas Luhmann(1927~1998)은 독일 사회학자로 사회체계를 주로 연구한 인물이다. 70권의 책과 400여 편의 논문을 발표하는 매우 활발한 연구활동으로 세계적 명성을 얻었다.

치Dominant value"를 구분한다. 약자 가치란 말하자면 사회의 기득권층에게 억압당하는 가치를 뜻한다. 대부분의 스토리는 "지배 가치"가 압도하는 세상에 살아가면서 "약자 가치"를 대변하는 사람을 주인공으로 그린다. 두 가치의 피할 수 없는 갈등은 결국 약자 가치의 승리로 끝나고, 적어도 그런 서사 속에서 힘의 균형이 뒤집히는 스토리가 영화에서든 저항에서든 흔히 나타난다. 마하트마 간디는 빈민층이 소금을 자유롭게 채취할 수 있어야 한다며 고난의 행군을 마다하지 않았다. 마틴 루서 킹 주니어는 자신의 신념을 지키기 위해 감옥행을 두려워하지 않는다. 이 모든 스토리는 정치와 사회 그리고 특히 철학의 심각한 가치 갈등이 어떻게 구체적 저항으로 불타오르는지 보여주는 대표적 사례이다(누가 누구를 지배하는가? 저항은 어떤 가치를 실현하려는 싸움인가?). 모자라지도 넘치지도 않는 감정적 표현, 핵심을 찌르는 촌철살인의 표현력, 쉽게 이해할 수 있는 상징성이 이 이야기들을 맛깔스럽게 만드는 재료이다. "저항 자체는 긴장이 아니다, 저항은 긴장을 보여줄 뿐이다." 마틴 루서 킹 주니어가 했다는 말이다. 저항은 추해 보일 수 있다. 아니, 그렇게 보여야만 한다. "고약한 종기, 고름이 가득한 종기는 째서 공기와 빛이라는 자연의 약에 노출해야 낫는 것처럼, 온갖 긴장으로 얼룩진 부정은 인간의 양심이라는 빛과 여론이라는 신선한 공기에 노출되어야만 치유될 수 있다."[4]

하지만 가장 중요한 것은 '우리 대 저들'이라는 기본 구도이다. 우리가 저들에게 맞선다. 누가 봐도 의심할 수 없는 불의와 부정이 저항하는 집단에 동기를 부여한다. 저항의 목소리는 거세진다. 사안이 명확해진다. '저들(집권층)'의 체제 유지 비용이 증가한다. 권력에 충성하던 세력이 처음으로 이탈 조짐을 보인다. '우리'는 자기 효능감을 자각한다. 이렇게 해서 정치적 대변혁의 기운이 소용돌이치기 시작한다.

저항은 어떤 혁신이 필요한지 구상을 다듬은 스토리를 대중에게 전파해야 한다. 하지만 더 효과적인 방법은 상징과 구호와 퍼포먼스이다. 저항이 들려주는 이야기는 되도록 간결하고 이해하기 쉬운, 그러면서 매력적인 상징을 활용해야 한다. "우리가 국민이다", "흑인의 생명도 중요하다", "기후를 위한 학교 파업", "#미투"가 그 좋은 예이다. 나아가 모든 저항운동은 그들만의 음악, 소리, 제례(함께 치르는 의식)가 있다. 이런 맥락에서 눈여겨봐야 할 부분은 함께 구호를 외치고 노래를 부르는 행동이 도파민과 아드레날린 같은 호르몬의 분비를 촉진한다는 점이다. 이런 생화학 물질은 집단의 소속감을 강화해주고 정치 행동에 나설 에너지를 키운다. 이처럼 매력적인 상징은 사람의 마음을 사로잡아 행동에 나서게 한다. 상징을 통해 사람들은 자신들의 이야기가 얼마나 절박한지 이해할 뿐만 아니라 온몸으로 **느낄** 수 있다. 직접적으로, 집중적으로, 함께. 이렇게 해서 시위는 삼중의 효과를 가진다. 내부적으로는 결속력을 주고, 외부적으로는 아직 마음을 열지 못한 사람에게 다가가 매력을 뽐내며, 마지막으로 적을 움츠러들게 하는 억제력을 발휘한다.

사회에 퍼져 있는 기존의 이야기에 도전하는 사람은 확신에 차서 그 이야기를 고수하는 이들이나 단지 기회주의적으로 따르는 사람들에게 미움받을 수밖에 없다. 따라서 성공하고자 하는 저항운동은 그들의 운동이 어디에서나 흔쾌히 받아들여지는 게 아니라는 점을 염두에 두어야 한다. 마틴 루서 킹 주니어와 같은 카리스마 있는 인물조차 1966년 미국민의 64%에게 미움을 받았다.[5] 그의 상징으로 자리 잡은 저 유명한 발언 "나에겐 꿈이 있습니다"를 사람들은 사회를 급진적으로 바꾸려는 시도로 해석했다. 당시 FBI가 킹을 미국에서 "가장 위험한 남자"로 부를 정도였다. 심지어 운동 내부에서조차 그는 논란의 중심에 섰다. 믿음의 형제들은 킹에게 좀 더 평화로운 방법을 원한다며 불만을 표시했고, 과격한 동료들은 왜 무장투쟁에 나서지 않냐며 킹을 비난했다.

진정한 변화를 원하는 사람은 친구를 사귀기 어렵다. 변화를 일으키려는 움직임은 대개 뉴스에서 갈등을 일으키는 행위로 소개되며, 대다수 사람은 뉴스를 통해서만 시위를 접하기 때문이다. 예를 들어 2022년 독일의 여론조사 기관 시베이Civey에 따르면, 저항의 방식이 적절한지 묻는 조사에서 응답자의 81%가

도로 봉쇄는 지나치다고 부정적으로 평가했다.[6] 이 조사는 이른바 "운동가의 딜레마"가 무엇인지 자세히 밝혀준다. 요컨대, 사람들을 설득하기 위해 운동가는 최소한 단기적으로는 미움을 받을 각오를 해야 한다.[7] 원칙적으로 여론조사의 이런 결과는 저항이 사람들에게 호소력을 가지는지 아닌지 확인하는 데 참고가 된다. 하지만 저항의 목적은 여론조사에서 높은 지지율을 받는 것이 아니다. 보통 여론조사는 저항운동보다는 정당이 중시한다. 몇몇 표본이 전체 국민의 의사를 대변하는 통계적 대표성을 가지기는 하지만, 이런 조사 결과는 어디까지나 현재 민심이 어디까지 차올랐는지 가늠하는 참고 자료일 뿐이다. 앞서 언급한 여론조사 결과는 그저 81%의 국민이 저항 방식을 좋게 받아들이지 않는다는 사실의 확인일 뿐, 그 이상도 이하도 아니다. 여론조사 결과는 사회와 정치가 중장기적으로 무슨 문제를 어떻게 풀어야 할지 전혀 말해주지 않는다.

저항이 그 운동으로 국민에게 어떤 영향을 끼치는지 단기적인 차원에서도 여론조사로는 그 정확한 평가가 어렵다. 실험 연구, 즉 실험실 환경에서 사람들을 조사한 연구는 오히려 저항 방식이 반감을 산다고 해서 그 저항의 목적에 대한 국민의 지지가 낮아지지는 않는다는 점을 확인해준다. 최근 베를린사회과학연구소WZB*는 2800명의 조사 대상자 가운데 26%만이 '마지막 세대'의 미술관 이벤트에 공감했지만, 이 이벤트에 거부감을 느끼는 이들도 기후 보호 운동을 변함없이 지지한다는 점을 보여주었다.[8] 동시에 여론조사는 사회 현실을 사람들이 인지하고 소화하는 복잡한 과정을 정확히 담아낼 수 없으므로 대단히 제한적인 의미만 가질 따름이다. 기후 저항을 다룬 최신의 여러 연구를 살펴봐도 결론은 명확하다. 저항이 평화적인 시민 불복종 운동에 머무르는 한, 저항의 방법에 사람들이 불만을 품더라도 그 대의에 대한 지지는 전혀 줄어들지 않는다. 줄어들더라도 거의 증명될 수 없는 수준에 그칠 뿐이다. 예를 들어 2021년 영국에서 '저스트 스톱 오일'의 첫 시위가 열린 뒤 실시된 3단계의 여론조사에서 기후 보호 대책을 지지하는 응답이 약간 증가했다. 시위로 축구 경기를 중단시켜서 사람들을 짜증나게 만든 후에도 이런 결과가 나왔다.[9]

물론 여론조사 및 국민 반응과는 무관하게 저항운동은 어떤 이벤트를 벌일 때마다 이것이 목적과 부합하는지 고민해야 한다. 예를 들어 도로 봉쇄는 사고가 발생했을 때 구급차도 들어가지 못하게 할 수 있으므로 위험성이 너무 큰 행동이라는 점은 유념해야만 한다. 헌법 조문을 새긴 유리 기념비에 페인트를 끼얹는 대신, 영국에서 한 이벤트처럼 고급 자동차 판매점 건물에

---

* 베를린사회과학연구소Wissenschaftszentrum Berlin für Sozialforschung는 사회학, 정치학, 통계학, 경제학, 역사학, 법학 등의 분야를 아우르는 연구기관이다.

페인트를 칠하는 이벤트가 더 효과적이지 않을까? 미술관과 고속도로보다는, 네덜란드에서처럼 자가용 제트기 터미널을 봉쇄하는 게 시민 불복종의 방법으로 더 설득력이 크지 않을까? 근본적으로 저항의 서사에서 운동이 맞서 싸우려는 적대자는 올바르게 설정되었을까? '마지막 세대'의 대변인으로 활동했던 카를라 힌리히스Carla Hinrichs가 질문을 받고 답한 내용은 관심의 생태를 운동이 얼마나 중요하게 의식하는지 잘 보여준다. "2022년 4월 '마지막 세대'가 서른 번이 넘게 독일의 석유 파이프라인을 막으려 시도해 화석연료 산업에 막대한 손해를 입힌 걸 제가 알았냐고요? 아뇨, 저는 몰랐어요. 정보에 밝은 제 가까운 동료들도 전혀 몰랐어요." 힌리히스에 따르면, 이는 석유 인프라 시설을 공격하는 일이 언론의 관심을 거의 끌지 못한다는 증거이다. 그런 기업을 적으로 삼는 스토리는 너무 뻔해서 국민의 관심을 끌지 못하는 것이다. 힌리히스는 '마지막 세대'가 매일 아침 전략 회의를 열어 그들의 목표와 행동 방식을 논의한다고 이야기한다. 이들은 '저스트 스톱 오일'이 미술관에서 토마토수프를 뿌렸다는 소식에 화들짝 놀랐다고 했다. 이들의 촌평은 간결했다. "우리는 통하는 전략만 구사하죠." 우편 폭탄 공격까지 서슴지 않았던 여성 참정권 운동, 심지어 그 가운데 한 명이 1913년 왕의 말 앞에 몸을 던져 목숨을 잃을 정도로 치열했던 여성 참정권 운동에 비하면 '마지막 세대'의 운동은 (다행히도) 매우 점잖은 편이다.* 운동가들은 예의 바른 방법을 택해야 하는 이유를 잘 알고 있다. 되도록 평화적이고 유쾌한 방법이 담론의 주도권을 잡는 데 매우 효과적이기 때문이다. 폭력적 수단은 숱한 문젯거리로 고민만 하게 만들 뿐, 이런 성과를 거둘 수 없다. 열린 사회는 헤아릴 수 없이 많은 불만 요소를 가지기 마련이며, 조금만 생각하면 이 불만을 적절히 다룰 아이디어는 차고도 넘친다고 힌리히스는 말했다.

'탈레반'이니 '테러'니 하면서 보이는 격렬한 반응, 상대가 무슨 말을 하는지 듣지도 않고 공격부터 하는 일부 반대자들의 기괴한 태도, 법치국가라면서 운동가의 집을 불시에 급습해 수색하는 권력 남용, 논란이 많은 테러 방지법을 이용해 운동가들을 재판도 없이 몇 주 동안 이른바 '예방 구금'하는 바이에른주 정부의 행위('마지막 세대'는 이런 탄압이 그 어떤 캠페인보다도 운동을 더 잘 홍보해주고 더욱 세를 키워준다고 생각한다), 정치와 문화 전반에서 건설적인 토론을 거부하는 태도, 이 모든 것은 사회 전체가 인지부조화에 사로잡혀 부정과 불의를 밝히려는 시도를 한

---

\* 여성 참정권 운동은 20세기 초 영국과 미국에서 여성에게 선거권을 달라고 요구하며 벌인 여권 신장 운동이다. 본문에서 말하는 여인은 에밀리 데이비슨Emily Davison(1872~1913)이다. '여성 사회 정치 연합Women's Social and Political Union, WSPU'의 열혈 회원으로 활동하며 에밀리는 체포와 단식투쟁을 거듭하던 끝에 마지막 항의로 경마대회에 참여한 조지 5세 소유의 말 앞에 몸을 던져 생명을 잃었다.

사코 거부하는 징후이자 관심의 건전한 생태계가 무너지고 있다는 조짐이다. 전통적인 대중 시위는 도로 봉쇄와 송유관 공격 같은 보다 파괴적인 수단 뒤에 놓인 공유된 가치를 나타내는 방법으로 남아 있지만, 그 대표자들은 금세 일종의 '사이비 종교' 지도자처럼 묘사된다.

어떤 하나의 목적이 더 많은 사람을 거리로 이끌고, 당당히 법을 어기는 것도 두려워하지 않는 이들이 늘어날 때 저항의 이야기는 훨씬 더 명확해진다. 호소와 투쟁이라는 두 방법은, '마지막 세대'와 '미래를 위한 금요일'에서 보았듯, 서로 대립하지 않는다. 관심의 생태를 다양한 차원에서 건강하게 복원하기 위해서는 이 두 방법이 손을 맞잡아야 한다. 목표를 향한 깊은 확신을 보여주고, 매일 새로운 이들이 합류하게 하려면 이런 입체적인 전략이 꼭 필요하다.

'신념'이라 부르는 것이 정확히 무엇인지, '신념'은 어떻게 만들어지며, 변화하는지 다루려면 우리는 따로 책 한 권을 써야 하리라. 『세상은 이야기로 만들어졌다』에서 자미라 엘 우아실과 나는 이야기가 어떻게 전파되는지 밝히려 시도했다. 우리는 이 문제를 다루면서 미국 사회학자로 스탠퍼드 대학교 교수인 마크 그라노베터의 '임계치 이론Threshold theory'에 큰 도움을 받았다. 이 이론은 어떤 새로운 태도를 충분히 많은 수의 사람이 나타낼 때 이 태도의 바탕에 깔린 요구 또는 아이디어를 긍정적으로 받아들이는 변화가 일어난다고 설명한다. 사람은 저마다 임계치가 다르다. 다시 말해서 얼마나 많은 사람이 동참해야 자신역시 태도를 바꾸겠다고 결심하는지는 제각각이다. 그라노베터는 이런 현상을 폭동에서 관찰했다. 폭동에서는 많은 사람이 합세할수록 이에 가세하는 이들이 늘어나는 군중심리가 뚜렷이 나타난다. 많은 사람이 참여할수록 자신이 잡힐 확률은 떨어지기때문이다. 어떤 생각이나 주의 또는 주장이 널리 퍼져나가는 현상을 다루는 이른바 '확산 연구Diffusion research'에서 그라노베터는 '임계치 모델'을 적용해 핵심을 간단히 정리한다. 임계치가 낮은 개인, 곧 쉽게 새로운 생각에 자극받고 설득되는 개인이 많은 경우, 새로운 아이디어는 매우 빠르게 전파된다. 반면, 임계치가 높은 개인, 게다가 다른 사람과 어울리는 걸 즐기지 않는개인이 많은 경우 혁신은 매우 느리게 진행된다.

절박한 심정으로 극단적인 행동을 하는 사람을 보면, 우리는자신도 모르는 사이에 이렇게 묻게 된다. 저 사람은 저렇게 심각한데, 나도 걱정해야 하는 거 아닐까? 장기적인 확산 효과는이렇게 시작한다. 신념이 널리 확산하면서 모방이 일어난다. 바로 그래서 사람들이 저항을 보고 당장 어떻게 느끼고 생각할지는 그리 중요하지 않다. 중요한 것은 저항의 이벤트 이후 몇 달몇 년에 걸쳐 사람들이 "섭씨 4도 기온 상승", "기후 붕괴" 또는"사람이 살 수 없게 된 지구"를 얼마나 열심히 검색할지 하는 것이다. 저항 운동가가 감옥에 끌려갈 각오로 심각성을 알린다면, 사람들의 경각심은 그만큼 높아진다.

요점을 정리해보자. 저항은 관심의 생태를 어떻게 활용해야 할까? 저항이 들려주는 (훼손당한) 윤리에 관한 이야기는 어떤 내용이어야 할까? 저항하는 우리는 사회적 교류의 능력을 갖추고 명확한 비전과 함께 집단의 단결 그리고 강한 실천력을 보여주어야 한다. 어떤 불의와 부정을 상대로 투쟁하는지, 그 불의와 부정이 무슨 규범을 위반했는지를 저항은 되도록 명확히 보여주어야 한다. 그런 대립 구도는 선과 악, 흑과 백처럼 대비가 선명해야 한다. 운동에 거리를 두고 관망하던 사람에게 '우리'와 합류하는 것이 어떤 관점에서든, 사회, 정치, (관심의) 생태를 아우르는 모든 관점에서 '저들' 편에 서는 것보다 훨씬 더 매력적으로 보이게 해야 한다. 이는 저항의 반대편을 관심의 생태에서 되도록 불리한 처지에 빠지게 만들 때 가장 잘 작동한다. 즉 어떤 선택을 하든 패배할 수밖에 없는 딜레마에 상대를 빠뜨리는 것이다.

# IX.
# 딜레마라는
# 이름의 목표

마하트마 간디는 남아프리카공화국에서 20년 동안이나 인도 사람들의 권리를 위해 투쟁했다. 온갖 고초를 겪으면서도 묵묵히 인내한 끝에 그는 결국 승리했다. 간디는 남아프리카공화국의 독립을 막는 데 수천 명의 인도 병사를 동원하는 걸 도운 식민 제국 영국의 충직한 종복에서 이제 영국의 가장 유명한 적수가 되었다. 1914년 말 유명 인사가 되어 인도로 귀향했을 때 간디는 인도 국민들이 그야말로 모든 희망을 잃어버린 암담한 상태라는 걸 알았다. 식민 제국 영국은 인도 국민과 자원을 파렴치하고도 무자비하게 착취했다. 압제의 끝은 도무지 보이지 않았다. 그러나 인도의 기득권층은 저항 대신 협력을 강변했다. 남아프리카공화국에서 겪은 경험으로 시민 불복종의 힘을 익히 알았던 간디는 '트리거 포인트', 곧 저항운동의 결정적 전환점이 될 격발 지점을 탐색했다. '사티아그라하'라는 이름의 비폭력 저항이 더 강한 힘을 발휘할 수 있는 자리로 식민 권력을 끌어낼 방법을 간디는 줄기차게 찾았다. 드디어 1930년 그는 맞춤한 방법을 찾아냈다. 간디는 자신이 거주하던 사바르마티 아시람에서 아라비아해와 맞닿은 구자라트주의 단디까지 385킬로미터를 맨발로 걸어갔다. 그렇게 바닷가까지 간 간디는 약간의 소금을 손수 채취해 주민에게 나눠주었다.

간디의 이런 기이한 행위를 보고, 당시 사람들은 처음에는 그 일이 무슨 의미가 있는지 이해하지 못했다. 하지만 간디는 공격의 목표를 아주 정확하게 골랐다. 더울 때 우리 몸에 중요한 기능을 하는 전해질을 공급하며, 흙과 물에서 얻을 수 있는 아주 단순한 자원인 소금을 영국은 돈을 내야만 살 수 있는 상품으로 만들었다. 어떤 형태로든 소금의 생산과 수송과 거래는 인도행정청으로부터 허가를 받은 사업장과 업체만 할 수 있었다. 국가의 독점권을 위반하고 소금을 직접 채취하거나 심지어 판매하는 사람은 몽둥이로 맞는 태형을 당해야만 했다. 점령 이전에 대대손손 손수 해오던 소금 생산과 거래를 이런 식으로 틀어막는 정책에 인도 국민은 속이 부글부글 끓었다. 간디와 그의 동지들은 바다로 가서 직접 소금을 채취하겠다고 공개적으로 선포하면서, 인도인의 자산인 소금을 외려 그들에게 돈 받고 파는 부당한 정책에 정면으로 도전했다. 이 소금 행진은 영국의 불공정한 식민 정책을 상징적으로 압축해 보여주는 비폭력 시민 불복종 행위였다. 영국의 부당한 법은 만인이 보는 앞에서 깨끗이 무시되었다. 인도 국민은 앞다투어 저항에 동참했다. 그 결과 5만여 명의 인도인이 체포당했으며, 당시 인도에서 가장 큰 정치세력인 국민회의National Congress의 거의 모든 지도자도 같이 잡혀갔다.

이런 광범위한 참여와 투옥은 저항운동의 성공을 도리어 도울 뿐이었다. 정권을 떠받든 가장 중요한 기둥, 곧 착취 경제와 이를 실행하는 행정조직은 뿌리째 흔들렸다. 영국 총독부는 이러지도 저러지도 못하는 딜레마에 빠졌다. 저항하는 모든 이를 체포해 투옥했다가는 윤리적으로 선악이 뚜렷한 이 이야기에서 영국이 악당으로 굳어질 수밖에 없다. 그렇다고 그냥 묵인하면, 더 많은 법 위반 행위가 벌어질지 모른다. 간디를 범죄자 취급 하는 건 더 많은 지지자가 생겨나도록 자극한다. 그렇지만 간 디와 협상테이블에 마주 앉는다면, 식민 제국 영국을 대표하는 관리가 온몸에 천을 두른 인도 남자와 대등하게 눈높이를 맞추 는 굴욕을 감수해야만 했다.

영국이 어떤 반응을 보이든 상관없이, 소금 행진은 갈등을 탄탄한 서사 구조로 끌어올리는 데 성공했다. 이 서사는 주인 공(인도 국민)과 적대자(영국과 그 부역자), 그리고 조국의 보물 '소 금'을 자율적으로 생산하고 소비할 당연한 자유를 지켜내려는 가치 투쟁으로 선명한 구도를 보여줬다. 진리를 끌어안고 나아 가자는(사티아그라하) 간디의 방식이 효과를 발휘하기 시작했다. 당시 촬영된 원본 사진을 보면, 간디는 사람들에게 둘러싸여 환 히 웃는다. 간디는 그저 금욕을 주장할 뿐인 지성인, 종교적 태 도를 강조하는 지도자가 전혀 아니다. 그는 진정한 카리스마를 내뿜는 박애주의자이다. 이런 카리스마는 지지자를 끌어모으는 데 도움이 된다. 그러나 더욱 중요한 점은 위험을 무릅쓰고서라 도 적이 딜레마에 빠질 수밖에 없도록 하려는 간디의 의지이다.

마틴 루서 킹과 그를 따르는 사람들은 간디에게 많은 것을 배웠다. 오늘날 미국 테네시주의 내슈빌에 가면 런치 카운터 Lunch Counter를 원형 그대로 복원해놓은 것을 볼 수 있다. 이것은 1960년에 흑인 대학생들이 자리에서 일어나달라는 요구에 거부하며 시작한 시민 불복종 운동을 기념하는 구조물이다. 법적으로는 흑인이 식당에서 식사하는 것이 허용되었지만, 당시 요식업계는 관행으로 흑인에게 서빙하는 걸 거부했다. 이런 관행 탓에 이미 폐지된 인종 차별 정책이 비공식적으로 지속되었다. 음식을 주문하고 서빙해달라고 요구하는 흑인은 일단 무시되었으며, 그래도 요구하면 나가라는 소리를 들었고, 심지어 출동한 경찰에게 주거침입 현행범으로 체포당했다. 흑인 대학생들은 이런 부당한 대우에도 공격적으로 반응하지 않았다. 이들은 평범하게, 적어도 백인들과 다를 바 없이 행동했다. 즉 식당에 들어와 자리를 잡고 앉았다. 물론 백인과 다르게 이들은 주문조차 할 수 없으며, 체포당해 붙들려 갔다. 비록 당시는 간디가 13년 전에 타계한 시점이지만, 간디의 다음 발언은 이 대학생들에게 말하는 것만 같다. "털끝만큼도 잘못을 저지른 게 없지만 감옥에 갇히는 것을 두려워하지 않는 각오가 바로 우리의 승리입니다." 그리고 간디의 소금 행진과 마찬가지로 이 식당 투쟁 역시 당국 그리고 무엇보다도 식당 주인을 딜레마에 빠뜨렸다. 매번 경찰을 부르고 흑인을 체포하는 소동과 번거로움을 피해 그냥 흑인을 손님으로 받는 것이 낫지 않을까? 하지만 그렇게 되면 앞으로도 평등하게 대우해야 한다는 선례가 만들어지고 만다. 그냥 흑인들이 백인 손님의 자리를 차지하도록 두되 주문을 받지 않고 무시하는 방법도 있었다. 하지만 이는 장기적으로 손해가 될 수밖에 없었다.

푸코의 논리를 따른다면, 식당 점주들이 부당하게 행사하는 권력에 이미 저항의 기회가 아로새겨져 있었다. 저항운동 쪽은 시민 불복종으로 빚어지는 결과를 감수하며, 평화적인 자세를 유지하기만 하면 된다. 반대편은 다시금 윤리적 가치를 둘러싼 논란에서 논리적 딜레마에 빠지게 됐다. 흑인을 어디서나 식사할 수 있게 할 것인가, 말 것인가. 이 딜레마로 백인 점주는 골머리를 앓아야만 했다. 그 중간에서 어정쩡하게 절충할 선택지는 없다. 인종차별주의자는 그 어느 때보다도 더 분명하게 악역을 강요받고 말았다. 계속 이 악역을 고집하다가는 경제적 손실은 고스란히 인종차별주의자가 감당해야만 한다. 남은 방법은 이 패러다임 변화를 돌이킬 수 없는 것으로 받아들이고 유색인종의 인권을 인정하는 것뿐이다. 이렇게 해서 흑인 대학생들은 전략적으로 딜레마 상황을 유도해, 관심의 생태를 결정적으로 바꿔낼 수 있었다.

마찬가지로 세르비아의 오트포르 역시 독재자의 얼굴이 그려진 술통을 야구방망이로 때리는 것이나 국제형사재판소가 있는 헤이그로 갈 기차표를 독재자에게 선물하는 이벤트를 활용해 상대를 정치적 딜레마에 빠뜨렸다. 정권 입장에선 똑같이 나쁜 두 선택지 가운데 하나를 골라야 했다. 저 유쾌한 이벤트, 독재자를 희화화한 이벤트를 그냥 내버려두자니 너무 굴욕적인 데다가, 충격을 주고 두려움을 심어주며 유지해온 권력 기반이 잠식당할 수 있다. 그렇다고 관련된 모든 이를 체포하자니 선물을 준 것을 처벌하는 모양새가 되는 셈이어서 그 유쾌한 이벤트와 반대 세력에게 호감만 키워주는 악수가 될 수 있었다. 오트포르는 이렇게 현명한 방식으로 조롱하면서 흔들릴 것 같지 않던 밀로셰비치의 권위와 후광을 지워버리는 데 집중했다. 짧지만 상징적인 이벤트로 운동은 다른 세상이 가능하다는 희망을 품게 해주었다. 정권은 이에 대항해 할 수 있는 게 아무것도 없었다. 그렇다면 오늘날의 민주주의에서 이와 비슷한 성공적 저항이 이뤄질 수 있을까? 실제로 매우 비슷한 전략을 활용하고 적절한 타이밍을 정확히 잡아낸다면 가능하다.

2023년 5월 말, 기후 정의 운동 '멸종 반란'은 네덜란드의 수도 헤이그의 6차선 고속도로를 점거하는 시위를 주도했다. 도로 봉쇄 시위의 요구는 매년 선박 운항, 항공, 화력발전, 정유산업에 정부가 지급하는 최소 397억에서 최대 464억 유로에 이르는 화석연료 보조금을 폐지하라는 것이었다(이 막대한 보조금 규모는 담당 부처에서 유출된 문서로 세상에 알려졌으며, 독일의 보조금은 700억 유로에 달한다). 시위를 주도한 여덟 명의 운동가가 선동을 저질렀다고 유죄판결을 받자, 비정부기구를 비롯해 광범위한 시민 사회가 운동을 지지하고 나섰다. 이 사건으로 기후 파괴 주범으로 꼽히는 산업에 보조금과 세금 감면 혜택을 주는 것은 부당한 일이라고 확신하는 사람은 갈수록 늘어났다. 체포당한 사람의 수가 1만을 넘기면서 저항은 대중의 본격적인 관심을 끌어내는 데 성공했다. 운동은 이 열기를 이어가려 오케스트라를 꾸려 도로 한복판에서 최후의 심판을 다룬 중세의 유명한 찬송가인 〈디에스 이레Dies irae〉(진노의 날)를 연주하는 이벤트를 벌였다. 경찰이 이 시위를 불법으로 간주하고 악기를 빼앗자, 시위대는 입을 모아 이 곡을 합창했다.[1]

유튜브에 공개된 그 영상은 단호한 의지를 가진 집단의 분노가 충분한 자기 효능감을 주고 상대에게는 딜레마 상황을 만들어낸다는 사회학 이론을 가장 감동적으로 증명해준다. 이런 상황에서 상대역인 정부에게는 오로지 나쁜 선택지만 남는다. 대기업의 이득을 보호하기 위해 국회 근처에서 큰 소동이 벌어지는 걸 감수하고 다수의 시민을 체포하거나, 시위대의 요구에 굴복하거나. 몇 주 동안 매일 정오 12시에 평화로운 도로 봉쇄와 함께 음악회가 열린 끝에 2023년 10월 초 운동은 큰 목표를 이루어냈다. 국회에서 과반이 넘는 의원이 화석연료 보조금을 2년이나 5년 또는 최대 7년의 시한 내에 점차 삭감하는 계획을 세우라고 요구하는 안건에 찬성표를 던졌다. 막대한 보조금 혜택을 누리던 대기업은 글자 그대로 '거리의 힘'에 굴복하고 말았다.

이 시위는 앞서 언급한 많은 다른 사례와 마찬가지로 매우 잘 준비되었다. '멸종 반란'의 내부 조직에서는 몇 년에 걸쳐 이 저항을 실행에 옮길 계획을 주도면밀하게 마련했다. 목표는 국회에서 지루하게 공방만 주고받는 화석연료 보조금 문제를 해결할 결정적 전환점을 마련해 논의를 진전시키는 것이었다. 네덜란드에서 화석연료 보조금 문제는 독일과는 다르게 훨씬 오래전부터 중요한 정치 사안으로 다뤄져왔다. 당시 한창 벌어지던 선거전에서도 보조금 문제는 승패를 가를 관건이었다. 네덜란드의 많은 국민은 화석연료 보조금이야말로 경제구조의 모순을 더 심화하는 주범이라고 여겼다. 일반적으로 부자가 항공기와 자동차를 더 자주 타서 훨씬 더 많은 화석연료를 소비하기 때문에, 화석연료 보조금은 사실상 가난한 사람에게 세금을 거두어 부자에게 주는 셈이었다. 더욱이 그동안 정부가 보조금 규모를 은폐하고 실제보다 축소해 발표해왔다는 사실이 폭로되면서 몇 차례나 분노의 파도가 일었다. 이런 은폐와 왜곡은 보조금이 왜 무용한지 밝히려는 연구에 재정지원을 해오던 운동가들이 밝혀냈다. 결국 도로 봉쇄라는 구체적 전술은 저항에는 트리거 이벤트가 필요하다는 이론에 충실하게 고안된 것이다.

정부의 거짓말이 폭로되고 나서 멸종 반란의 운동가들은 도로 봉쇄를 국민의 격렬한 분노를 거리로 끌어내기 위한 트리거 이벤트로 활용했다. 첫 번째 고속도로 봉쇄 시위에 상당수의 사람들이 참가했기에, 시위의 강도를 높여 나갔다. 실제로 사회의 각계각층에서 많은 사람이 참가했으며, 필요하다면 체포당할 각오까지 했다. 그리하여 9월의 어느 하루에만 경찰은 2400명을 체포했다. 그 가운데는 미성년자도 많았다. 그러나 시민은 경찰의 체포에도 전혀 위축되지 않았으며, 오히려 서로 연대감을 키우며 단결했다. 이제 운동의 목표는 보조금을 넘어서서, 그보다 더 높은 차원의 정의로 설정되었다. 한 달 뒤에 의회에서 보조금 삭감을 의결하기까지 운동은 흔들림 없이 지속되었다. 변혁 이론을 가장 이상적으로 확인해주는 것이 '멸종 반란'이 보여준 바로 이 도로 봉쇄이다. '멸종 반란'은 '마지막 세대'와 함께 'A22'라는 일종의 인적 네트워크에 속해 있는데, 이 조직은 저항에 필요한 이론과 방법을 개발해 각 단체에 제공하고 있다.

A22는 '멸종 반란'과 '마지막 세대' 외에도 아홉 개의 더 많은 단체가 함께 협력해 만든 조직이다. 이른바 '시민 저항 프로젝트'라고도 하는 A22는 "인류의 생존을 위해 시간과의 혹독한 싸움을 벌이려고 설립했다"라고 선언한다.[2] 이 네트워크는 활동에 필요한 재원을 '기후 비상 기금Climate Emergency Fund, CEF'을 통해 조달하는데, 이 기금은 "회원 모집과 교육 그리고 조직 능력 함양"을 위해 사용된다.[3] CEF의 자문단은 저명인사, 이를테면

애덤 맥케이(내가 보기에 현재까지 기후 파국에 대처하는 인류의 무능함을 주제로 다룬 영화 중 가장 중요한 영화 <돈 룩 업>의 감독), 제레미 스트롱(배우, 대표작 <석세션>), 제랄린 드레이포스(오스카상을 비롯해 여러 상을 받은 다큐멘터리들의 제작자), 데이비드 월러스 웰스(기후 위기를 다룬 베스트셀러 『2050 거주불능 지구』의 저자), 빌 맥키번(미국 저널리스트이자 환경운동가)으로 꾸려졌다. 기금은 크고 작은 기부금으로 재원을 마련한다. 애덤 맥케이는 40만 달러를 쾌척했다. 석유 거물 진 폴 게티의 손녀 에일린 게티는 50만 달러를 기부했다. CEF는 2022년에만 510만 달러를 44개의 단체에 나누어주었다. '마지막 세대'의 몇몇 상근직 회원은 대략 1300유로(2024년 8월 현재 환율로 대략 190만 원) 정도의 월급을 받는다고 한다.[4] 고속도로 봉쇄는 일견 즉흥적이고 혼란스러워 보이지만, 그 배면에는 이처럼 현재 가장 유능한 조직과 잘 짜인 장기적인 전략, 유명 인사들 그리고 아주 탄탄한 자금 지원이 있었다.

"하지만 네덜란드의 사례를 우리가 받아들이는 건 간단한 일이 결코 아니에요." 도로 봉쇄와 오케스트라 연주라는 네덜란드 저항의 기막힌 조합을 어떻게 생각하느냐는 나의 물음에 '마지막 세대'의 카를라 힌리히스는 이렇게 답했다. "'멸종 반란'에는 오로지 그 이벤트만을 준비하기 위한 조직이 있었습니다. 3년이 넘는 시간 동안 상황을 잘 만들어왔죠. 많은 시간과 돈

이 들어간 터라 이 이벤트가 성공하지 않았다면 이 조직은 해체되었을 거예요." 정부를 딜레마 앞에 세우려는 전환점을 준비하는 계획은 '마지막 세대'도 추진했다. "이런 작업은 준비할 것이 많아 시간이 오래 걸리죠. 하지만 전체적으로 우리는 올바른 방향으로 가고 있어요." 힌리히스는 말했다. 변혁 이론이 가장 중시하는 것은 시민 불복종의 지속성이다. 저항운동의 이벤트는 충격적이고 비현실적이며 순진하고 현실과 동떨어진 것처럼 보일 수 있다. 하지만 경험적으로 볼 때 그렇게 보여야만 한다. 저항은 이제까지의 현실과는 확연히 다른 비전을 보여주어야만 하니까. 그래야만 무관심한 사람들, 애매한 정도로만 관심을 보이는 사람들, 드러내놓고 거부감을 보이는 사람들까지도 자신의 입장을 정하게 할 수 있다. 사람들이 저항과 그 목표에 관심을 가지고 반응을 보일 때 운동은 비로소 성공의 발판을 얻는다. 요컨대, 저항은 해도 그만 안 해도 그만인 문제가 아니어야만 한다. 더는 흘려듣고 그냥 지나칠 수 없어야만 한다. 저항운동이 진정한 딜레마를 제시했을 때 비로소 사회는 피할 수 없는 선택지 앞에 선다. 즉 때때로 혼란스럽고 심지어 유토피아를 꿈꾸는 몽상처럼 보일지라도 진심으로 인류 미래를 걱정하는 편에 설 것인가, 아니면 이제 명백하게 드러난 부정과 불의의 편에 설 것인가 선택해야 한다.

저항운동은 무엇을 위한 투쟁인지 그 가치를 분명히 하고 전

선을 명확히 형성하는 생산적 목표를 반드시 이뤄내야만 한다. 우리와 적을 나누는 편 가르기를 하라는 말이 아니다. 우리의 저항에 동참하지 않는 사람은 잘못된 가치에 매달린다는 점을 정확히 부각하는 것이 생산적인 전선 형성이다. 그러고 나서 잘못된 가치에 계속 매달리는 태도는 도덕적으로 옳지 않을 뿐 아니라 정치적·경제적으로도 손해가 된다는 점을 스스로 깨닫게 해야 한다. 그렇게 해서 사회를 떠받드는 많은 기둥에 현상 유지에만 집착하는 것보다 변화를 택하는 쪽이 유리한 선택임을 보여줄 수 있어야 한다. 앞서 6장에서 이미 살핀 바 있듯, 그래야 변화에 꼭 필요한 중도층을 한편으로 끌어들일 수 있고, 결국 지금까지 반대했던 사람들까지도 입장을 바꾸게 된다.

마크 엥글러와 폴 엥글러는 점차 분위기가 무르익어 가다가 마침내 변화의 시점이 나타나는 순간, 이른바 "사회의 티핑포인트"를 "회오리바람"이라 부른다. 이 국면에 이르면 역사를 고쳐 쓰는 변혁, 위대한 성공, 다른 미래, 그 어느 것도 이룰 수 있어 보인다. 바로 이런 측면을 주목한 미국의 빌 맥키번은 비폭력 시민 불복종이야말로 "20세기가 이뤄낸 가장 중요한 기술"이며, 간디와 마틴 루서 킹 주니어 같은 인물을 사회의 심층부에 숨은 힘을 새롭게 발견해낸 "정치학의 아인슈타인"이라고 불렀다.[5] 하지만 각고의 노력을 기울였음에도 이 '티핑포인트'를 찾아낼 수 없다면 어떻게 해야 할까? "비폭력은 통하는 한에서만 좋다."

맬컴 엑스*가 한 말이다. 통하지 않는다면 남은 방법은 무엇일까?

---

* 맬컴 엑스Malcolm X(1925~1965)는 마틴 루서 킹 주니어와 같은 시기에 활동한 미국의 흑인 인권 운동가로 차라리 흑백 분리로 흑인 해방을 이뤄내야 한다고 주장했다.

# X.
# 힘에는
# 힘으로 맞서라
# : 저항과 폭력

네 명의 젊은 생태 테러리스트가 직접 만든 폭발물이 담긴 통을 파이프라인에 붙들어 매느라 진땀을 흘린다. 이들의 목표는 석유 파이프라인을 날려버리는 것이다. 그때 갑자기 통을 붙들어 맨 끈 하나가 끊어지며 그 무거운 통이 한 여성의 다리를 덮쳤다. 다리뼈가 부러진 그녀는 고통으로 일그러진 얼굴로 동료들이 작업을 끝내는 것을 지켜봐야만 했다.

폭력, 이 경우처럼 화석에너지 인프라 시설을 부수는 폭력은 결국 제 발등을 찍는 일일까? 어쨌거나 영화에 나오는 운동가들은 옳은 일을 한다고 확신한다. "정유사처럼 큰 것을 때려야 석유산업이 얼마나 취약한지 보여줄 수 있다고."[1] 그런 행위가 테러가 아니냐는 물음에 이들은 특유의 말투로 반응한다. "미국이라는 제국이 우리를 테러리스트라 부른다면, 우리가 제대로 하고 있다는 거잖아." 평소 과묵하기만 한 마이클이 이렇게 말한다. 다른 친구도 거든다. "예수도 테러리스트였어." 그리고 이렇게 덧붙였다. "우리의 행동은 일종의 정당방위야."

이 모든 장면과 대사는 미국 영화감독 대니얼 골드하버의 2022년도 작품 〈어떻게 파이프라인을 날릴까How to Blow Up a Pipeline〉에 나온다. 이 영화는 스웨덴의 기후 운동가이자 작가인 안드레아스 말름이 쓴 동명의 책에서 영감을 얻어 만든 작품이다. 말름은 이 책에서 영국 작가 존 랜체스터가 한 말을 인용한다. "지금까지 기후 운동가들이 단 한 번도 테러를 저지르지 않은 것은 기이하고도 놀라운 일이다. (……) 특히 주유소를 폭파하거나, SUV 차량을 악의적으로 파손하는 게 그리 어렵지 않다는 점을 생각하면 놀라움은 더욱 커진다."[2] 기술적으로 보면 틀린 말이 아니다. 오늘날의 불공정한 시스템은 우리의 일상과 깊이 얽혀 있는 탓에 그만큼 많은 약점을 가지고 있다. 작정하고 테러를 벌이려는 사람의 눈에 공격하기 좋은 포인트는 무수히 많다. 더욱이 저항의 역사는 방법의 '적절성'뿐만 아니라, 방법을 '어떻게 의식적으로 격화시킬지' 고민해온 역사이기도 하다. 1971년 독일 가수 리오 라이저는 이렇게 노래했다. "열차가 구르고, 달러가 구르고, 기계가 돌아가고, 사람들이 뼈 빠지게 일하고, 공장을 짓고, 기계를 만들고, 모터를 만들고, 대포를 만들지. 누구를 위해? 너희를 망가뜨리는 것을 망가뜨려버려!"[3]

하지만 이 책의 주제는 어디까지나 '평화적 저항'이다. 그래서 여기에서 갈등을 해결하는 방법으로 폭력을 어떻게 보아야 할지 생각을 잠시 나누고 싶다.

폭력이 갈등 해결에 도움을 줄까? 확실히 말해서 전혀 도움이 되지 않는다. 하지만 분노와 에너지가 들끓는 곳에서 폭력이 손만 뻗으면 움켜쥘 수 있는 무기인 것은 사실이다. 그래서 다시금 강조하지만 짧게라도 저항의 어두운 측면, 폭력이 관심의 생태계를 어떻게 왜곡하는지 살펴보는 일은 꼭 필요하다. 더욱이 저항운동은 구조상 폭력성을 언제라도 분출할 수 있기 때문이다.

사회의 재화와 인프라를 겨눈 폭력, 이른바 '사보타주Sabotage' 부터 살펴보자. 역사에 기록된 숱한 저항운동은 이 방식을 어떻게 활용했을까? 사보타주는 혁명과 해방전쟁의 전술로서 오래된 전통을 자랑한다. 민주적인 저항 가운데 사보타주와 관련해 먼저 살필 운동은 20세기 초의 여성 참정권 운동이다. 이 운동에 참여한 사람들은 그야말로 이 전술의 정신적 어머니라고 할 만하다. 영국의 에멀린 팽크허스트가 1903년에 설립한 '여성 사회 정치 연합wsPU'은 1913년 런던에서만 337번이 넘는 사보타주를 벌였다. WSPU는 '편지 폭탄'을 처음 만들어 사용한 단체로 알려져 있다.[4] 한편 당시 정부의 탄압은 잔혹하고 극심했다. 대규모 체포와 물리적 폭력, 감옥에 갇힌 여성을 강간하는 일이 일상처럼 벌어졌다. 특히 비열한 만행은 이른바 '고양이와 쥐cat and mouse'라는 이름이 붙은 폭력이다.* 더없이 비인간적인 조건 속에서 수감생활을 하던 여성이 병에 걸려 약해지면, 일시적으로 병원에 입원시키고, 다시 기운을 차리는 즉시 재수감하는 조치였다. '고양이와 쥐'라는 관용어에서 유래해 고양이는 여성

---

* 'cat and mouse'는 '사람을 가지고 놀다' '마음대로 희롱하다'는 뜻을 가진 숙어이다. 투옥된 여성 참정권 운동가들이 단식투쟁을 해 건강이 악화되는 일이 많아지자 영국 의회는 건강이 나빠진 죄수를 임시로 석방했다가 건강이 좋아지면 다시 투옥하게 하는 '단식 죄수 가假출옥법'을 제정했다. 이를 '고양이와 쥐 법Cat and Mouse act'이라고도 불렀다.

참정권 운동가의 상징이 되었다.

더 나아가 감상적 상징을 이용해 감정을 저항운동을 조직하는 데 활용한 아주 인상적인 사례 역시 여성 참정권 운동에서 찾을 수 있다. 이를테면 배스에 있는 이글하우스는 블라스웨이트 가문의 소유로 영국 전국에서 찾아온 WSPU 회원들이 만남의 장소로 쓴 저택이다. 1907년부터 이 집을 찾는 회원은 누구나 정원에 나무 한 그루씩 심는 의식을 치렀다. 심는 나무의 종류는 참정권 운동에 헌신하는 정도를 상징적으로 나타낸다. 저항하다가 체포당해 감옥에 갔던 이는 침엽수를, 운동에 참여만 하는 회원은 감탕나무를 심었다. 이렇게 해서 점차 나무들은 가장 공로가 많은 투사, 이를테면 에멀린 팽크허스트의 나무를 중심으로 원형을 그렸다. 이글하우스를 찾은 방문객은 이 '참정권 정원'을 산책하며 평온과 성찰을 구한다.

그러나 팽크허스트와 그 동료들이 내면적으로는 평온하고 성찰적이었을지라도 외부적으로는 강력한 수단을 거침없이 썼다. 그 대표적 예는 '유리창 깨기'이다. 이들은 1908년부터 런던의 중심상가를 돌아가며 상점의 진열장을 박살내 영업을 마비시켰다. 흥미롭게도 이들의 행위는 글로벌화를 반대하는 시위대가 'G8' 또는 'G20' 정상회담을 반대하며 유리를 깬 행위(이들도 주로 상점의 진열장을 깼다)와 기후 운동가들이 미술관에서 예술작품을 덮고 있는 유리창을 더럽힌 행위와 연결된다. 어쨌거나 계급으로 나뉜 당시 사회에서 모든 계층에서 모인 여성 참정권 운동가들은 다음과 같은 확신으로 단결했다. 체제가 우리에게 폭력을 행사한다면, 우리도 폭력으로 맞서자. 최소한 체제가 중시하는 공공장소와 기물을 부수자. 기회가 된다면 관청도 두려워 말고 공격하자. 이런 확신은 결국 1913년 '엡섬 더비Epsom Derby', 즉 왕이 아끼는 말도 참가하는 인기 높은 경마대회에서 에밀리 데이비슨이 자살 테러를 벌이도록 이끌었다. 말들이 무리를 지어 곡선주로를 무서운 속도로 달릴 때 갑자기 관중석에서 트랙으로 뛰어든 그녀는 달리는 말들 앞을 가로막았다. 그녀는 말발굽에 짓밟혀 치명상을 입었다. 많은 기수가 말에서 고꾸라져 경마는 중단되었다. 당시 이미 이름이 잘 알려졌던 에밀리 데이비슨은 이때 입은 상처로 사망했다. 그녀의 묘비에 새겨진 문구는 이렇다. "행동으로, 말이 아니라Deeds, not words."

　여성 참정권 운동가들이 벌인 많은 파괴적 투쟁은 흡사 액션영화를 떠오르게 한다. 영국의 역사학자 다이앤 앳킨슨은 이 투쟁 사례를 모아『떨쳐 일어나라 여인들이여!Rise Up Women!』라는 이름으로 저항운동의 초상화를 그려냈다. 등유 폭탄으로 날아간 우체통, 후춧가루를 뒤집어쓴 총리, 해머와 도끼로 난자당한 조각상과 그림, 개 채찍으로 위협당하는 정치가 등 그녀들의 투쟁 방법은 다양했다. 숱한 시위와 행진, 단식투쟁, 인쇄물을 뿌리는 선전전을 벌였음에도 1913년 초 다시금 여성 참정권이 거부되자, 운동가들은 안드레아스 말름이 "방화 순례"라고 부른 본격적인 투쟁을 시작했다. 이들은 "전국을 돌며 빌라, 찻집, 보트 하우스, 호텔, 짚단, 교회, 우체국, 수족관, 극장을 비롯한 많은 목표물을 불태우거나 폭파시켰다".[5] 그럼에도 사망 피해자는 한 명도 나오지 않았는데, 이들이 텅 빈 건물만 골라가며 공격했기 때문이다. "세계 여론이 지켜보는 앞에서 정부와 의회를 망신 주고 위신을 실추시키기 위해서는" 법을 어기더라도 확실하고도 공개적으로 방화를 저질러야 한다고 팽크허스트는 주장했다. 그녀의 주장은 이어졌다. "우리는 영국인들이 스포츠를 즐기는 걸 훼방놓고, 사업가들에게 손해를 입히며, 가치가 높은 자산을 파괴하고, 사회를 망가뜨리며, 교회를 모욕하고, 모든 일상을 누리지 못하게 만들어야 한다."

여성 참정권 운동은 사회의 모든 기둥을 동시에 흔들었다. 이 과정에서 에밀리 데이비슨, 그리고 경찰이 폭력으로 해산시킨 시위에서 몇몇 인물이 부상을 입고 결국 사망하며 소중한 목숨이 희생되었다. 팽크허스트 자신은 젊은 시절 감옥에 갇혀 건강을 잃은 탓에 몇 년 동안 외국에서 살아야만 했다. 그녀는 1925년에 비로소 다시 고향 땅을 밟았으며, 1928년에 목숨을 잃었다. 그녀가 사망한 지 3주째 되던 1928년 7월 2일, 영국은 마침내 여성의 보편적인 선거권을 인정했다.[6]

하지만 답하기 힘든 문제는 여전히 남아 있다. 우체통을 폭파하거나 빈집에 불을 지르는 폭력은 대체 어느 때에 부당한 일을 종식시키기 위한 정당한 수단이 되는가? 이러한 폭력적 수단은 목표에 이바지할까, 아니면 되레 방해가 될까? 이 중요한 물음은 여성 참정권 투쟁을 살펴보아도 확실하게 풀리지 않는다. 오늘날 역사학자들도 참정권 운동의 폭력적 투쟁 방법이 목표 달성에 도움을 주었는지 아니면 그르쳤는지를 두고 논쟁을 벌인다. 당시 정부가 우편 폭탄으로 협박받아 굴복하는 것을 원치 않았다는 점을 고려한다면, 여성의 선거권은 그런 폭력을 쓰지 않았을 때 더 빨리 인정되지 않았을까? 어쨌거나 안드레아스 말름은 여성 참정권 투쟁을 비롯한 예시를 통해 역사적으로 성공을 거둔 저항운동이 평화적 색채만 띠지는 않았으며, 더 과격한 수단을 사용한 강경파가 목표 달성에 도움을 주었다는 점을 보여주려 했다. 흑인 인권운동과 1980~1990년대 남아프리카공화국에서 아파르트헤이트에 반대하는 투쟁을 벌인 '아프리카 국민회의African National Congress, ANC'의 무장투쟁이 대표적인 예이다. 로자 파크스의 조각상은 오늘날 워싱턴의 국회 의사당 앞에 서 있다. 하지만 무장을 한 동료들이 그녀를 지켜주지 않았다면, 로자 파크스의 싸움이 가능했을까? 맬컴 엑스와 그를 따르는 무장 강경파가 백인 상류층에게 준 위협이 없었더라도 우리가 아는 마틴 루서 킹 주니어가 존재할 수 있을까? 특히 킹은 그런 위협을 자신에게 유리한 쪽으로 활용할 줄 알았다. 안드레아스 말름은 이런 사례를 바탕으로 기물을 파손하는 폭력조차 반대하는 엄격한 평화주의는 전술적으로 심각한 잘못을 저지르는 것이라고 지적한다. 이 드물게만 다뤄지는 무장투쟁 문제를 연구하는 학자들의 의견을 잘 들어보면, 성공한 사회 운동은 예나 지금이나 실제로 '급진파'의 덕을 본다고 한다.[7]

이런 역학관계는 경험을 토대로 비교적 잘 연구되었다. 어떤 분파가 과격하고 급진적일수록, 그만큼 중도층은 그보다는 온건한 분파와 합의를 보는 쪽이 더 매력적이라고 여긴다. 이 '급진파 효과'는 '마지막 세대'와 같은 '과격한 운동 방식'이 그보다 덜 과격한 '미래를 위한 금요일'이 힘들게 이룩한 결실을 파괴한다는 식의 흔한 주장을 반박한다. 예컨대 독일 정치가 콘스탄틴 쿨레Konstantin Kuhle는 의회 연설에서 터무니없는 비난을 쏟아냈다. "'마지막 세대'는 루이자 노이바우어와 그레타 툰베리가 힘들게 쌓아 올린 성과를 엉덩이로 깔아뭉갰다."[8] 그런데 노이바우어와 툰베리는 불과 몇 년 전만 해도 똑같은 비난을 들었다. 어째서 돌연 정치가들은 '미래를 위한 금요일'을 모범적인 저항운동이라고 추켜세울까?[9]

쿨레의 편협한 발언이 드러내듯이, 급진적인 분파는 다양한 운동 세력 내의 온건한 분파를 더 받아들기 쉽게 해준다. '급진파'의 폭력이 그저 상징적 수준에만 머무를 때도 효과는 동일하다(예술작품을 실제로 파괴하지 않았던 것을 떠올려보자). 급진파의 존재는 무엇보다도 사회라는 체계의 주요 축을 이루는 기둥(정치, 미디어, 시민사회)이 저항운동의 목적을 무시하기 어렵게 만드는 힘을 발휘한다. 시민 불복종이 벌이는 극단적 이벤트, 이를테면 도로 봉쇄로 사람들은 사회에 어떤 문제가 있는지 귀로 들을 뿐만 아니라 몸소 느끼게 된다. '마지막 세대'의 경우 이런 체험은 구체적으로 다음을 뜻한다. '마지막 세대'의 시위 덕분에 이제 우리는 헌법재판소가 정부의 기후정책이 헌법에 위배된다고 판시했음에도 법무부 장관이 그 정책을 옹호하고 있으며, 질서와 청결을 중시한다는 나라가 실제로는 질서가 없고 지나치게 오염되었다는 것을 알게 되었다. 비슷한 예로 석탄 채굴을 위한 산림 벌채 및 주민 강제 이주처럼 정치적인 이유에서 진행되거나 적어도 옹호되고 있는 사안은 특별한 일이 없다면 대중의 관심을 받기 힘들다. 그렇지만 함바흐 숲 또는 뤼체라트 마을을 점거한 '막장 운동Ende Gelände'*과 같은 운동 덕분에 석탄 채굴 기업이 벌이는 환경 파괴가 널리 알려질 수 있었다.

하지만 여기서 우리는 '수동적 폭력'과 '상징적 폭력' 그리고 '적극적 폭력'을 구분할 줄 알아야 한다. 수동적 폭력은 도로 봉

---

* 2015년부터 독일에서 석탄 채굴을 반대해 벌이는 시민 불복종 운동이다. 기후 정의 의식을 고취하고자 하는 운동은 과격한 행동을 서슴지 않아 극좌파로 분류된다. 이름 'Ende Gelände'은 탄광 지대의 끝을 의미하며, '끝난 상태'를 뜻하는 숙어이기도 하다.

쇄에서처럼 봉쇄당한 시민의 자유권을 침해한다. 상징적 폭력은 미술관의 예술작품을 겨눈 이벤트이다. 적극적 폭력은 공공 기물을 파손하고 사람들에게 상해를 입힌다. '마지막 세대'가 벌이는 운동이 영리한 이유는 이 세 가지 폭력의 경계를 능수능란하게 넘나들기 때문이다. 검찰과 판사는 도로 봉쇄를 범죄로 구성하기에 애를 먹는다. 시민의 교통을 방해했다고 해도 피해 당사자가 처벌을 원하지 않는다고 하면 형사처벌은 가능하지 않기 때문이다. 헌법을 새긴 기념비에 페인트칠을 한 것이 법적으로 처벌할 수 있는 기물 파손에 해당하는지 여부는 여전히 논란의 대상이다. 최근에 벌어진 이벤트, 이를테면 브란덴부르크 성문에 페인트칠을 한 것이라든지, 2023년 9월 베를린시 당국이 성탄절에 세워두려 준비한 크리스마스트리에 색칠한 행위는 실제 피해를 노린 것이기보다는 상징적 공격이기는 했지만, 그래도 분명한 재물 파손에 해당한다.

법적 처벌의 대상이 되든 아니든, 내가 중요하게 생각하는 것은 다른 차원의 문제다. 일반적으로 상징적 폭력은 늘 시위가 노리는 첫 번째 목표를 만족시킨다. 그 목표란 바로 관심이다(적극적 폭력도 마찬가지다). 하지만 적극적 폭력은, 실제 파괴를 노리는 '진짜' 폭력과 마찬가지로, 관심의 생태를 저항운동에 불리하게 바꿔버린다. 적극적 폭력은 저항의 윤리적 스토리에서 악역을 맡은 적대자가 딜레마로부터 쉽게 빠져나갈 길을 열어준다.

심지어 적대자는 폭력을 구실 삼아 범죄자로부터 질서를 지키고 민주주의를 수호하는 새로운 이야기의 주인공이 될 기회를 얻는다. 그리고 이 이야기는 저항이 힘들게 세운 이야기를 압도할 수 있다. 수동적 폭력도 같은 위험에 빠질 수 있다. 도로를 점거함으로써 발생하는 교통 방해가 꼭 필요한 거라고 납득시키지 못한다면, 사람들은 저항운동에 의구심을 품을 수 있다.

2022년 베를린에서 자전거를 타다 사망한 여성의 사건(8장 참조)을 계기로 한 적대적인 공격에서 볼 수 있듯이, 수동적인 폭력 역시 저항의 진짜 주제를 가리는 논란으로 쉽게 왜곡될 수 있다. 상대를 피할 수 없는 딜레마 앞에 세워야 하는 상황에서 빠져나갈 구멍을 만들어주는 전술은 평화적인 저항의 현명한 선택지가 아니다. 딜레마의 압력을 꾸준히 키우는 것이 가장 강력한 무기이다. 폭력, 상징적 폭력도 포함한 모든 폭력은 저항이 토론을 거치며 가능한 한 단단히 쌓아 올린 전략에 구멍을 뚫어놓는다. '마지막 세대'는 대다수 국민에게, 특히 정치 토론에서 너무 자주 너무 쉽게 적대자의 역할로 내몰리곤 한다. 극적으로 표현하자면, 삽시간에 정치와 언론은 거대 정유사와 그 로비스트가 아니라 기후 정의를 외치는 운동가가 문제라고 손가락질해댄다. 저 환경투사 때문에 자동차도 탈 수 없고, 성탄절 휴가도 즐기지 못한다고 말이다. 이제 보호해야 하는 가치는 생명의 기반인 자연이 아니라, 자동차 강국의 전통과 성탄절 축제의 전통으로 둔갑한다. 그리고 국가 권력은 질서를 회복해야만 하는 주인공으로 자신을 연출한다.

저항운동은 의도적으로 저항의 메시지를 전달하기 위해 헌법 기념비 또는 브란덴부르크 성문에 페인트칠을 해서 독일 연방공화국과 그 민주주의 상징을 공격했다. 이 메시지의 수신자는 민주적 정당성을 갖춘 정부일 뿐 다른 어떤 것도 아니다. 하지만 이런 운동은 여러 가지로 해석되며 다양한 영향을 끼칠 수 있다. 독일을 예로 들자면, 대다수 국민은 정치가 지나치게 뜨거워지는 것을 달갑게 생각하지 않는다. 들끓는 정치 에너지를 바라보는 뿌리 깊은 두려움이 있다고 할까. 공공공간에서 벌어지는 강렬한 상징적 이벤트, 거리와 사람들 마음속에서 광풍이 몰아치는 듯한 상황은 역사적 경험에 기반한 두려움부터 자극한다. 요컨대, 이 두려움을 이용해 반대 세력은 오히려 운동을 적으로 내몬다. 왜 질서를 흔들고 관행과 전통을 훼손하느냐며 운동을 제압하려 든다. 크리스마스트리에 지저분하게 색칠한 이벤트는 기후 위기로 죽어가는 숲 문제를 토론 의제로 올리는 매우 영리한 전술일 수는 있다. 하지만 지금껏 살펴본 운동과 그 적대세력 사이의 역학관계에 비추어 볼 때 이런 이벤트는 상대에게 공격의 빌미를 주는 약점으로 작용할 수 있다.[10]

공공기물을 훼손하는 폭력이 무슨 의미를 가지는지 하는 물음, 그 궁극적인 답을 얻기 힘든 이 물음 못지않게 중요한 것은 그 어떤 예단이나 편견 없이 있는 그대로의 현실을 전체적으로 조망하려는 노력이다. 이 장의 초입에서 인용한 랜체스터의 말, 기후 운동이 테러를 저지르지 않은 것이 기이하다는 말은 맞다. 이는 역사적으로 입증되는 사실이다. 비록 폭력적 방식을 인정하고 싶지 않지만, 나는 앞으로도 사보타주와 같은 과격한 방법은 계속 등장하리라고 본다. 다시 한번 말하지만, 나는 어떤 종류든 폭력에 찬성하지 않는다. 그러므로 다음 원칙을 분명히 해두는 것이 중요하다고 생각한다. 우리는 "의혹이 남는 경우 피고인에게 유리하게In dubio pro reo"가 핵심 원칙인 법치국가에 살고 있다. 폭력으로 무고한 이들에게 피해를 입히는 것을 주의해야겠지만, 섣부르게 '급진화'라는 비난을 저항운동에 던지는 일도 우리는 경계해야 한다. 급진화를 확인해주는 경험이 있을지라도, 그런 태도는 평화적인 저항운동을 단순화해 무조건 비난하려는 편향적 경향의 산물이다.

'급진화Radikalisierung'라는 표현은 보통 과격하고 난폭한 행위를 의미하는 것으로 자주 쓰인다. 이 개념은 본래 이념적으로 근본을 추구하는 것을 의미하고, 비타협적인 태도와 때로 극단주의로 나아가는 것까지 포괄하지만, 오늘날 일상에서는 폭력, 테러, 무장투쟁과 동일시된다.* 현재 벌어지는 논란을 살필 때 우리는 물리적 충돌 가능성을 높이는 일은 저항 자체에서 주도하지 않는다는 점을 주목해야만 한다. 적어도 저항 진영 안에서 공개적으로 물리적 충돌을 언급하는 일은 거의 없다. 오히려 마치 무슨 대단한 충돌이 일어난 것처럼 호들갑을 떨며 갈등 상황을 부추기는 쪽은 대개 외부에 있다. '마지막 세대' 같은 조직을 "녹색 적군파"라거나 "기후 적군파"라고 부르는 건 보수 정치가인 알렉산더 도브린트 같은 이들의 수사적인 속임수일 뿐이다. 그러나 급진화를 유령 보듯 두려워하는 심리는 운동의 정당성을 흔들기 위해 반대자들이 일부러 자극한 것이기도 하지만, 한편으로는 과거의 아픈 기억 때문에 무의식적으로 나타나는 일반 대중의 거부감 때문이기도 하다. 제대로 작동하지 않는 민주주의 사회에서 나치즘이라는 재앙이 대중운동으로 등장했던 탓에 독일 사회는 어떤 형태이든 정치 에너지의 분출을 의심과 불안의 눈초리로 바라본다. 작가 토마스 만은 캘리포니아에서 망명 생활을 하며 쓴 일기에서 이런 두려움의 핵심을 다음과 같이 정리했다. "잊지 말자, 변명하지도 말자. 나치즘은 독일 민족이 믿음과 열정을 아낌없이 투자한 운동이었다. 우리는 나치즘에 혼신을 다해 열광했으며, 불꽃 튀는 혁명이라고 믿어 의심치 않았다."[11]

---

＊　'급진적'이라는 뜻의 독일어인 'radikal'이나 영어의 'radical'은 뿌리를 뜻하는 라틴어 'radix'에서 파생된 단어이다. 이 단어는 '근본적인' 또는 '뿌리와 관련된'을 의미한다.

우리가 갑작스러운 격변을 불신하고 불안해하는 이유는 달리 있지 않다. 베를린에 가거든 3월 혁명 광장을 찾아가보라 (찾을 수 있다면 말이다).* 그곳에 1848~1849년의 거의 성공할 뻔한 민주주의 혁명을 떠올리게 할 만한 흔적은 아무것도 없다. 나치즘이 남긴 폐해, 그리고 나치즘이라면 한사코 잊으려는 집단적 망각에 맞서려는 1960년대와 1970년대의 시도는 아이러니하게도 그 일부가 적군파**로 변모하며 끔찍한 테러를 벌이는 결과를 낳았다.

나는 이 책의 제목에 원래 '혁명'이라는 단어를 넣었다. 하지만 출판사와 상의한 끝에 그 단어를 뺐다. 혁명은 미래로든 과거로든 너무 멀리 나아가는 개념이기 때문이다. 사람들이 정치적인 맥락에서 '혁명'이라는 말에서 느끼는 불편함은 '급진화'라는 개념에 보이는 반응과 매우 유사하다. 동시에 일상생활에서는 '혁명'이라는 단어가 긍정적인 의미로 많이 쓰인다. 원래 천문

---

\* 3월 혁명은 절대왕권에 맞서 독일에서 일어난 혁명이다. 1848년 3월 18일 베를린에서 정부군과 시위대의 격렬한 시가전이 벌어져 이런 이름이 붙었다. 3월 혁명 광장은 훔볼트 대학교와 막심 고르키 극장 사이의 광장으로 이름만 혁명 광장이라고 붙였을 뿐, 기념물이나 안내판은 전혀 없다.

\*\* 적군파는 나치즘에 동조한 부모 세대를 비판하며 일어난 68운동의 일부 세력이 결성한 무장투쟁 단체이다. 주로 자본가와 보수세력을 상대로 여러 차례 테러를 저질러 극좌파 무장단체로 지목됐으며 정부의 끈질긴 추격을 받은 끝에 1998년에 소멸했다.

학 전문용어로 별의 움직임을 나타내는 데 쓰인 '혁명Revolution'
은 '회전하다revolutio'라는 라틴어를 어원으로 하며 사회관계 또
는 사고방식의 근본적이고도 영구적인 변화를 뜻한다. 오늘날
거의 매일 새로운 혁명의 호소가 목소리를 높인다. 식사 혁명,
섹스 혁명, 축구 혁명……. 사실 오늘과는 다른 정치 상황을 나
타내는 말, 또는 이 다른 상태로 이르는 길을 표현할 말은 혁명
외에 달리 없다. 마찬가지로 '급진화'보다 더 정확한 개념도 따
로 없다. 오늘날 저항을 이해하고자 하는 사람은 왜 혁명 또는
급진화 외에 다른 말이 없는지 고민해보아야만 한다고 나는 믿
는다. 달리 말하면 급진화를 추구하는 사람은 뿌리까지 파고
들어간다. 그래서 효과적인 저항은 언제나 급진적이다. 저항
은, 관심의 생태에서 보자면, 언제나 문제의 윤리적 뿌리를 이
야기하기 때문이다.

그렇다면 기후 운동이 급진화하는 게 아닐까 하는 두려움(또
는 두려움을 조장하며 음험하게 즐기는 심사)은 무엇 때문에 생겨날
까? 이 경우는 급진화가 무장투쟁으로 연결되는 게 아닌지 하
는 걱정 때문이 아닐까? 이런 걱정은 무엇보다도 운동의 특정
형식과 강렬한 시각적 효과 때문일 수 있다. 이를테면 도로 봉
쇄처럼 일상생활을 중단시키는 활동이나 활동가들이 입은 형광
색 안전조끼가 그 원인일 수 있다. 또 운동이 불러일으키는 혼란
스러운 상황을 보며 시민은 기후 운동 조직 내부도 혼란하고 무

질서하다고 여기며, 이런 혼란이 폭력성을 키운다고 생각한다. 하지만 최소한 운동의 홈페이지에 들어가보거나, 심지어 약간이라도 이들과 대화를 나눠보면, 운동가들이 얼마나 열심히 준비해왔는지 쉽게 알 수 있다. '멸종 반란' 또는 '마지막 세대'처럼 아주 투명하게 운영되는 운동은 그들의 계획과 목표를 세세히 공개하고 있다. 좋은 예는 '멸종 반란'이 온라인에 개설한 1시간짜리 강의 동영상이다. 이 강의는 이벤트의 배후에 숨은 전략, 어떻게 사람들의 관심을 끌어 운동의 저변을 넓히는가를 설명해준다.[12] 이들은 전략을 짤 때 앞서 우리가 3장에서 살펴본 이론, 체노웨스와 스테판이 개발한 3.5% 이론을 참조한다고 한다.

'마지막 세대'도 그저 사회에 불만을 품고 혼란을 부추겨 전복을 꿈꾸는 무리가 전혀 아니다. 독일 핵심 그룹의 회원인 카를라 힌리히스가 2023년 가을에 밝혔듯 운동은 매우 잘 조직되었으며, 심사숙고한 전략에 따라 진행된다. 심지어 몇 달 동안 전직 기업 경영 자문역이 전략 개발을 총괄하기도 했다. 그 성과가 2023년 11월에 발표된 전략 기획서「두 배 만들기 나침반」이다. 이 계획서는 향후 몇 달에서 나아가 몇 년까지의 조직 전략을 담고 있으며, 새로운 회원을 모집하는 방법을 자세히 다룬 내용도 일곱 쪽이 넘는다.[13] 그럼에도 독일의 민영방송 '프로지벤ProSieben'은 다른 많은 언론을 대신해 이런 물음을 던졌다. "저들은 더 과격해질까?"[14] 이렇게 언론은 언제나 진보적 저항운동에 폭력과 극단화의 혐의를 씌운다. 하지만 이런 혐의를 씌우는 대신, 그 반대편의 반동적인 운동, 곧 민주주의의 기본질서와 그 제도를 비판적으로, 심지어 노골적인 적대감으로 위협하는 세력을 살피며, 이들이 끼칠 악영향에 우리는 더 주목해야 한다.

이 책을 인쇄하기 직전인 2024년 1월 많은 정치가, 특히 올라프 숄츠 총리의 내각이 두려워하던 일이 터지고 말았다. 바로 일종의 독일판 노란 조끼 운동*이다.[15] 격렬한 저항이 절정에 이르렀을 때, 경제부 장관이자 부총리 로베르트 하베크Robert Habeck는 휴가 여행을 마치고 북해를 운항하는 페리를 타고 귀국하다가 항구에서 수백 명의 시위대에 포위되어 배에 갇히고 말았다. 일부 공격적인 시위대가 페리에 올라타 장관을 폭행하겠다고 위협하는 통에 경찰과 보안요원이 투입되었다. 대화로 풀자는 하베크의 제안에도 시위대는 꿈쩍하지 않았다. 시위가 일어난 배경은 무엇일까? 이른바 '신호등 연정', 곧 빨간색이 상징인 사회민주당SPD, 노란색이 상징인 자유민주당FDP, 녹색이 상징인 녹색당Grüne이 함께 꾸린 연립정부는 긴축 재정과 기후

---

* 2018년 10월 프랑스에서 정부의 부유세 인하, 긴축 재정, 유류세와 자동차세 인상 등이 중산층과 노동자에게만 부담을 지운다며 일어난 시위이다. 도로를 점거하며 노란색 안전조끼를 입어 노란 조끼 운동이라는 이름이 붙었다.

보호를 명분 삼아 자동차 세금을 인상하고, 농부에게 주던 디젤 보조금을 삭감하겠다는 재정정책을 발표했다. 신호등 연정의 이런 정책에 언론, 특히 슈프링거 소속의 매체들은 (다시금) 하베크와 그의 소속 정당 녹색당에 공격의 포문을 열었다. 야당인 기독교민주당CDU, 그리고 특히 '독일을 위한 대안AfD'* 역시 일부 선동적인 표현을 사용하며 뒤질세라 이 논쟁에 뛰어들었다. 작센주 CDU는 페이스북에 쇠스랑을 치켜들고 분노로 일그러진 얼굴의 농부 사진을 올려놓고 이런 글을 달았다. "농업용 디젤에서 손 떼라!"**16** 서구사회의 민주주의에 불안의 씨앗을 뿌리려는 러시아 챗봇이 즉각 등판했다. 챗봇은 각종 소셜미디어를 누비며 논란이 실제보다 훨씬 더 커 보이도록 부추기는 댓글을 달아댔다. 극우 성향의 각종 단체는 앞다투어 노란 조끼 운동을 지지한다고 입장을 지지한다며 시위에 동참했다. 극우파의 가세와 AfD의 포퓰리즘 선동이 맞물리며 시위대의 분위기는 폭발적으로 달아올랐다. 사실 AfD는 정책 공약으로 농업 보조금을 더 심하게 삭감하겠다고 밝혔는데, 농부들은 아이러니하게도 AfD의 선동에 환호했다. 이런 와중에 하베크가 언제 어디서 페리를 타고 오는지 알리는 소식이 채팅 그룹을 통해 퍼

---

* 2013년에 창당된 독일의 우파 포퓰리즘 정당이다. 강한 민족주의 성향으로 극우정당이라는 평가를 받는다.

지면서 시위대가 항구로 몰려왔다.

그보다 앞서 수천 대의 트랙터가 베를린과 여러 지역에서 농업 보조금 삭감에 항의하는 시위를 벌였다. 시위대는 거칠게 항의하면서 경찰에 공격적으로 행동했으며, 구급차가 다닐 길조차 막았다. 시위대는 권력자를 심판하고 처형하겠다며 직접 만든 교수대를 트랙터에 싣고 행진하기도 했다.[17] 어떤 병원은 지역의 농민협회로부터 시위가 이뤄지는 동안 주변과 완전히 차단될 테니 그리 알라는 통보를 받았다.[18] 심지어 시위대는 의료 인력과 스쿨버스를 막아서기도 했다. "필요하다면 우리는 독일을 마비시킬 겁니다." 바이에른 농민협회 회장은 바이에른주 정부의 내무장관 요아힘 헤르만Joachim Herrmann과의 공동 기자회견에서 이렇게 말하며, 수천 대의 트랙터로 200번이 넘게 시위를 벌이겠다고 으름장을 놓았다. 정부가 빠르게 굴복하고 폭넓게 양보했음에도 시위대는 만족하지 않았다. 합법적인 방법으로 평화적 시위를 벌여온 많은 농부까지 포함해 시위대는 보조금 삭감의 완전한 철회를 촉구했다.

이 사건은 정치적으로 민감한 사안을 둘러싼 시위를 극우파가 얼마나 쉽게 장악하여 이용할 수 있는지 여실히 보여준다. 페리 점거를 추적한 탐문 기사에 따르면 이 사건의 흔적은 "코로나 당시 테러를 벌였거나 벌였을 것으로 의심되는 다수의 극우 활동가에게로 연결됐으며, 이들이 수 년 동안 농민들의 시위를 이용하기 위해 준비해왔다는 것을 알 수 있다".[19] 연방공화국을 거부하고 다시 독일에 카이저를 옹립하기를 원하는 극우파뿐 아니라, 여전히 나치즘에 매달리는 여러 군소 정당('제3의 길 Der Ⅲ. Weg', '고향Die Heimat', '자유 작센Freie Sachsen', '자유 슐레스비히홀슈타인Freie Schleswig-Holsteiner', '기초Die Basis')과 심지어 '큐어넌QAnon' 음모론까지 농민단체와 활발히 접촉해왔다. 이 반민주주의 세력의 공통된 목표는 딱 하나다. 연방정부와 의회 제도를 무너뜨리는 것! 이를 위해 가능한 모든 수단을 이용하려 하며, 농민 시위도 그러기 위한 좋은 기회일 뿐이다. 그리고 이 반민주주의 세력은 자신을 이른바 '사회의 중도'라고 포장하지만, 이 '중도'의 대다수는 네오나치와 나란히 시위를 벌이며, 바이마르공화국 시절 폭탄으로 민주주의를 공격한 극우 민족주의 농민단체의 깃발을 손에 드는 데 아무 거리낌을 못 느끼는 사람들이다.[20]

농민 시위를 파고든 극단 세력들은 앞서 언급한 바 있는 2020년의 독일 의회 습격 사건을 떠올리게 한다. 이러한 시위들은 주로 페이스북, 왓츠앱 또는 텔레그램의 채팅방을 통해 조직된다. 운동을 이끄는 지도자도, 카리스마도, 장기적 전략도 전혀 필요하지 않다. 극우 포퓰리즘은 국민의 불만과 불안을 이용해 민주주의의 퇴행을 부추기며, 민주적으로 선출된 정부, 더 크게는 그 정부에 권력을 부여하는 민주주의 체제 전체를 적으로 삼아 공격하려고 국민을 동원한다.

이런 예시는 중도층이 좌파와 우파의 시위에 각각 어떻게 다르게 대응하는지를 여실히 보여준다. 중도는 좌파로 분류될 수 있는 시위에는 민감하게 반응하면서도, 우파의 반민주적 행태에는 뜨뜻미지근하게 반응하기 일쑤다. 물론 우파의 요구가 늘 부당한 것은 아니다. 하지만 정당한 요구라 할지라도 지나친 이기적 성향을 노골적으로 드러내며 공공공간을 유례가 없는 폭력으로 점거하는데도 대부분 방관한다. 누구도 농부를 탈레반에 비유하지 않으며, 농부가 테러를 저지른다고 비난하지 않는다. 무장투쟁을 벌이겠다고 을러대는 농부를 보며 새로운 "갈색 적군파"*가 출현했다고 호들갑 떠는 사람은 아무도 없다. 헌법 수호를 위해 이들 우파를 반헌법적 단체로 지정하라는 요구 역시 나는 들어본 적이 없다. 좌파의 저항운동에는 그처럼 야단법석을 피우면서도 우파에는 침묵하는 이유가 무엇일까? 물론 진영을 막론하고 공격 행태를 비난하고 그 과격한 논조에 거부감을 느끼는 사람은 많지만, '마지막 세대'를 겨냥했던 것처럼 운동 자체를 범죄로 보며 극단주의로 몰아가는 모습은 우파 시위의 경우에는 나타나지 않는다. 농부들이 점거한 도로와 아우토반 진입로에서 적잖은 사고가 일어났음에도 그들에게 책임을 묻는 목소리는 나오지 않았다. 오히려 보수 정당들은 앞다

*   극우파가 갈색의 전투용 점퍼를 입은 것을 가리켜 하는 말이다.

투어 사건을 별것 아닌 일로 치부하려 했다. 프리드리히 메르츠 Friedrich Merz(CDU)와 마르쿠스 죄더Markus Söder(CSU)는 폭도 들이 하베크를 공격한 것을 두고 아무 말도 하지 않았다. 심지 어 메르츠는 사건을 "도덕적으로 과장하지 말라"고 하베크에게 요구했다. 바이에른의 자유유권자당Freie Wähler 당수이자 마르 쿠스 죄더 내각의 부총리인 후베르트 아이방거Hubert Aiwanger 는 동영상으로 다 찍혀 형사처벌을 피할 수 없는 공격을 두고도 폭력은 그저 풍문일 뿐이라고 일축했다. 작센 내무장관 아르민 슈스터Armin Schuster(CDU)는 농부들을 향해 아첨했다. "최고예 요, 잘하셨습니다."[21]

연방정부 총리 올라프 숄츠는 X에 이런 글을 올렸다. "생동 하는 저항 문화는 얼마든지 이해하고 존중한다. 하지만 정치 윤 리를 짓밟고 황폐하게 만드는 그런 만행은 결코 묵과될 수 없 다."[22] 하지만 이런 개인적인 발언과 비난으로는 충분하지 않았 다. 부족한 부분은 로베르트 하베크 자신이 직접 채워야만 했 다. 동영상 메시지에서 하베크는 민주주의를 뒤흔드는 뭔가 심 각한 조짐을 보았다며, "민주주의의 적들"이 "정부를 전복하려는 판타지"를 목격했다고 말했다.[23] 그러나 그 어떤 유력 정치가도 하베크를 지원하는 발언을 하지 않았다. 심지어 녹색당 출신의 농업 장관 쳄 외즈데미르조차 부적절한 비유로 비판의 초점을 흐려버리고 말았다. "나는 기후 운동가든 페리 항구의 농부든 똑같이 평가해야 한다고 본다. 폭력과 강요는 경멸받아 마땅한 행동이다. 폭력과 강요는 목적을 그르칠 뿐이다."[24] 아니, 기후 운동가가 보조금 사수라는 이득을 위해 정치가 개인을 상대로 그런 폭력이나 강요를 저질렀다는 말인가?

어떤 소란이 일어났을 때 좌파냐 우파냐에 따라 너무나도 많이 이중 잣대가 적용되다 보니, 둘을 같이 놓고 비교하는 것이 무의미할 정도다. 이렇게 편견으로 이뤄지는 평가를 평가라고 할 수 있을까?

이처럼 독일에서 저항의 정당성과 효과를 둘러싼 논의는 만성적인 혼란상을 연출한다. 정치가는 대개 민주주의가 무너지는 것보다 군중의 위협과 그 배후의 로비를 더 무서워하는 모양이다. 사회적 갈등 상황에서 압박과 협박에 굴복하는 정치를 우리는 따라야 할까? 커뮤니케이션 학자로 여러 권의 책을 쓴 크리스티안 스퇴커는 X에 다음과 같은 글을 올렸다. "독일에서 자신의 이득을 위해 도로를 점거하는 사람은 정권에 맞서는 '반항아'라며 보수의 박수갈채를 받는다. 사회 전체의 안녕을 위해 투쟁하는 사람은 '테러리스트'로 지목당하며 처벌을 감수해야만 한다."[25] 그럼에도 '마지막 세대'는 이런 현실을 유쾌하게 받아들이면서, 손으로 만든 미니 트랙터로 시위를 벌였다. 한편 그사이 드레스덴에서는 극우파를 비롯한 민주주의의 적 1만여 명이 도로를 행진했다. 비록 며칠 뒤 농민연맹에서는 이 시위가 자신들과 무관하다며 거리를 두었지만, 여전히 시위의 지도부와 접촉하는 모습을 보였다. 사회의 한 직능 계층이 그 정치적 목적을 이루고자 네오나치와 손을 맞잡은 셈이다. 민주적 절차를 무시하고 특권을 얻고자 고위급 정치가를 불법적으로 가두고 협박하는 모습이 2024년 우파 저항 문화의 현주소이다.

독일에서 반민주적인 저항의 잠재력은 이처럼 크다. 미래에 대한 불안과 상실의 두려움, 정부와 그 민주적 의회 체제를 향한 깊은 불만, 노골적인 증오가 이런 잠재력을 키우는 요소이다. 뿌리 깊은 민족주의, 인종차별, 반민주적이고 극우적인 성향은 서로 자극을 주고받으며 부풀었으며, 특정 언론(특히 보수 성향의 슈프링거 소속 신문들을 중심으로 하는 언론), 러시아의 조직적인 선동, AfD와 극우 네트워크의 부추김으로 그야말로 폭발 지경에 이르렀다. 인터넷은 극우가 이런 선동을 펼칠 완벽한 반향실*로 기능하며, 운동을 아주 쉽게 조직할 수 있게 해준다.

극우의 이런 반민주적인 행태가 특히 치명적인 이유는, 우파 정치인들이 좌파에 대항하는 데 극우를 이용하려고 그 행태를 정상이라고 우기거나 애써 별거 아니라고 과소평가하는 기회주

---

* 반향실은 소리가 밖으로 나가지 않고 메아리처럼 안에서만 맴도는 특수한 방으로, 자신이 가진 생각과 비슷한 생각에 둘러싸여 새로운 정보를 받아들이지 못하는 현상을 '반향실 효과'라고 한다.

의적 태도를 보이기 때문이다. 그러나 내가 보기에 점차 거세지고 있는 반민주적인 시위는 어쩌면 공정과 대화를 중시하는 방향으로 민주주의 문화가 변하는 반전 포인트를 마련해줄 수 있다. 예를 들어 얼마 전 독일에서는 AfD에 반대하는 수십만 명이 거리를 행진하며 극우 포퓰리즘을 허용해서는 안 된다고 외쳤다. 이 시위는 우파가 그처럼 기회만 있으면 강조하는 '침묵하는 다수'가 진짜 누구인지 확실하게 보여주었다. 즉 반민주적인 극우의 행태를 보며 다수 시민들은 오히려 개방성과 공정을 중시하는 민주주의의 소중함을 새삼 깨달았다.

그럼에도 나는 정치적 갈등이 심해지고, 사회의 불만이 커지며, 민주주의 절차를 신뢰하지 못하게 될수록 이런 종류의 반민주주의 행태가 더 심해지지 않을까 두렵다. 우파의 저항운동 진영에서도 시민 불복종을 다룬 진 샤프의 책을 읽고 이야기를 들으며 모범으로 삼아야 할 사례들을 연구할 게 분명하다. 농민 저항이나 '페기다'와 '다른 생각을 하는 사람들(크베어뎅커 Querdenker)'*, 또는 독일판 '노란 조끼' 같은 운동이 참가자 규모가 한정적이고 또 그저 단기적으로만 이루어졌다 할지라도, 우파 운동가들은 이 운동이 일으키는 반응 또는 그 폭발적 힘에

---

* '다른 생각을 하는 사람들'은 코로나 팬데믹에서 정부의 대책에 반대해 시위를 벌인 우파 단체이다.

고무되어 앞으로도 계속 저항을 시도하리라. 이 지점에서 서글 프고 또 비극적인 사실은 한 명의 반민주적 시위자에게 정치권 이 보이는 반응이 마치 1만 명의 민주적 시위자에게 보이는 반 응과 같다는 점이다. 고작 2000명 정도의 농부와 이들의 트랙 터는 몇 년에 걸쳐 수십만 명의 기후 운동가가 노력해온 것보다 더 빨리 성과를 얻어냈다. 예컨대 늘 침착한 논의를 우선시하고 되도록 잡음 없이 조용히 넘어가는 것을 선호하는 올라프 숄츠 는 2024년 1월 이전부터 이산화탄소 배출권 가격이 너무 높다 고 거듭 이야기하며 독일판 노란 조끼에 일찌감치 굴복했다. 많 은 정치가들이 우파의 시위가 더욱 거세져서 통제하기 힘든 극 우 정당(예를 들면 AfD나 프랑스의 국민연합)의 힘을 키워줄까 두 려워하며 빠른 양보를 한다. 이런 정치 흐름은 참으로 위험하다.

반민주적인 운동은 그 자체가 구조적으로 폭력을 이용하기 때문에, 우리는 반민주적 운동을 이따금 폭력성을 띠는 민주적 운동과 구분해야 한다. 가장 중요한 것은 포퓰리즘과 다원주의 를 갈라 보는 것이다. 이 구분은 '다른 생각을 하는 사람들'과 '마지막 세대'를 같이 놓고 보면 그 구체적 내용이 드러난다. 정 치학자 얀베르너 뮐러에 따르면, 포퓰리즘 운동은 이 사회를 동 질적인 민족공동체로 보며, 외부인이나 기생하는 엘리트의 방 해가 없다면 이 공동체가 모든 사람의 이익을 위해 동일한 의 지로 행동한다고 가정한다. 반면, 다원주의 사회는 모든 의견이 동등한 권리를 가지고 경쟁하는 시장이다. 민주주의 운동은, 앞서 묘사한 대로, 투명한 토론을 통해 누가 어떻게 무슨 가치를 훼손했는지 밝히고 대립 구도를 만드려 한다. 반면, 포퓰리즘 운동은 이른바 엘리트의 오만함과 무관심을 공격하며 대립 구도를 만드려 한다. 포퓰리즘은 학문을 비롯해 비판적 예술과 문화를 적으로 취급하는 반면, 다원주의 저항은 학문과 예술과 문화를 중시한다. 다원주의 저항은 자신의 요구를 민주적 제도와 절차에 전달해 뜻을 이루려 하지만, 포퓰리즘 저항은 민주적 제도와 절차의 정당성을 훼손하고 의회 절차를 해체하려고 한다. 다원주의 저항은 무엇이 문제인지 명확히 드러내지만, 포퓰리즘 저항은 문제를 개인화하고 "물신화"(로베르트 하베크)한다.

포퓰리즘 저항이 구사하는 가장 명백한 구조적 폭력은, 특정 인구 집단을 정체성(인종, 성별)에 따라 적으로 간주하면서 이 집단 구성원의 존엄성 그리고 민주주의에 참여할 권리를 부정하는 것이다. 또 할 수만 있다면 그 구성원의 기본권을 박탈하려 한다. 2024년 1월 초 독일의 언론사 코렉티브Correctiv의 폭로 기사가 독일 사회에 큰 충격을 주었다. 이 기사는 AfD가 재계의 몇몇 기업가와 유명 극우주의자와 함께 모든 난민(이미 독일 국적을 취득한 사람까지 포함해)을 출신 국가로 추방하는 "재이주"라는 이름의 계획을 추진하고 있다고 밝혔다. 이런 기괴한 발상을 진지하게 구상하는 사람이라면 얼마든지 집회와 사상의 자유를 제한하거나 심지어 폐지하려는 생각도 하지 않을까?[26]

이른바 '다른 생각을 하는 사람들'이 2020년 8월 29일 벌인 독일 의회 습격은 포퓰리즘이 멋대로 꾸며내는 기괴한 음모론의 충격적 실상을 고스란히 보여준다. 할 수만 있다면 반민주 운동은 CSU 정치가 알렉산더 도브린트가 한때 어리석은 판단으로 요구한 "우파의 혁명"을 끝까지 밀어붙일 것이다. 한동안 극우 포퓰리즘은 민주주의를 혐오하고 증오를 부추기는 발언을 거침없이 쏟아내면서도, 자기들은 어디까지나 체제로부터 따돌림을 당한 피해자라고 자처하며 그 정체를 교묘하게 숨기고 있다. 내가 보기에 이들은 적까지도 품는 민주주의라는 관용적인 체제의 수혜자이다.

자유민주주의는 한편으로 그러한 저항을 허용해야 하지만, 한편으로 그것이 자유민주주의 자체를 공격하는 저항임을 무시할 수 없다는 점에서 이중고에 시달린다. 그런 혼란 속에서 관심의 생태는 그 건강함을 잃고 신음한다. 민주주의 사회는 어떻게든 이 혼란을 극복해야 하지만, 그러는 사이 정작 해결해야 할 진짜 문제가 뒷전으로 밀리고, 힘이 집중되지 못하여 혼란은 더 심해진다.

우리는 무엇보다도 모든 정치적 의사 표현과 행동을 어찌 됐건 동등하게 다뤄주어야만 한다는 잘못된 보편주의를 버려야 한다. 7장에서 정리한 규칙에 비추어 민주적이고 투명하며 정당한 저항으로 볼 수 없는 운동을 시민사회는 이해해서도 용납해서도 안 된다. 자유민주주의는 그 자신을 반대하고 심지어 폐지하려고 하는 저항도 용인해야 하는 딜레마에 처해 있지만, 그 딜레마는 어디까지나 자유민주주의의 규칙을 지키는 상대에게만 유효하다. 규칙을 의도적으로 깨는 세력에게까지 그러한 태도를 유지해서는 안 된다. 시민 불복종과 사회를 시끄럽게 만드는 시위는 민주적으로 선출된 정부의 주권을 인정하고 이 정부를 메시지 수신자로 삼을 때만 정당하다. '다른 생각을 하는 사람들'이나 '페기다'처럼 아예 조직적으로 민주주의의 근본 규칙을 위배하거나 심지어 민주주의를 폐지하려는 세력, 예를 들어 인종차별 또는 반유대주의를 거침없이 주장하는 세력은 위르겐 하버마스를 비롯한 여러 사상가가 정당한 저항 시위라면 마땅히 지켜야만 한다고 설명한 제약을 깨버린다.

극우의 퇴행적 저항은 다행히도 지금껏 사회의 기둥을 흔들지 못했다. 관심의 생태계를 그들에게 유리한 쪽으로 바꾸고 이를 지속성 있게 유지하지 못했다. 하지만 그런 일이 발생할 때마다 사회 전반의 말과 행동도 빠르게 극우 쪽으로 이동할 수 있다. 오른쪽 극단으로 치달은 저항 문화는 위험하다. 이런 저항 문화는 장기적으로 거리에서 목소리 큰 쪽이 이긴다는 그릇된 인식을 낳기 때문이다. 바로 그래서 우리는, AfD가 부분적인 성공을 거두어 의석을 차지한 것처럼 반민주적인 저항운동이 의회에 입성해 의회 권력의 일부가 될지라도, 진정한 민주주의의 수호를 위해서 그들과 절대 타협하지 말아야만 한다. 극우가 의회를 장악하여 민주주의를 무너뜨리는 일은 막아야 한다.

한편 이런 모습을 보며 진정한 민주주의자는 무력감에 사로잡혀 심각한 정치적 마비 상태에 빠져 있다. 그렇지만 사실 우리는 무력하지 않다! 오늘날의 상황을 볼 때, 1945년 4월 토마스 만이 헤르만 헤세에게 보낸 편지에 쓴 문장은 마치 오늘 한 발언처럼 생생하다. "생명을 가진 존재는 오늘날 정치를 피할 수 없다고 봐. 정치를 거부하는 것도 정치이니까. 다만 정치를 거부하고 외면하는 태도는 나쁜 정치일 따름이지."[27] 다시 말해 2024년 1월 독일 전역에서 벌어진 반파시즘 대중 시위는 시작에 불과할 뿐이다. 우리는 되도록 서둘러 민주적으로 대응하는 능력을 훈련해야만 한다.

# XI.
# 희망의 근육을 키우기

2021년 늦여름, 나는 하노버의 어떤 김나지움*에서 독일어 고급과정 강좌를 맡았다. 원래 계획은 내가 쓴 소설『정글』을 학생들과 함께 읽는 것이었지만, 그보다 나는 학생들이 정치를 어떻게 생각하는지가 더 궁금했다. 학생들은 정치 이야기에 얼굴부터 어두워졌다. 기후 위기가 돌이킬 수 없을 정도로 심각하게 생명의 기반을 무너뜨리고 있다고 수업에서 확실히 배우는데도, 독일 정치는 그저 손 놓고 아무것도 하지 않기 때문이다. 학생들은 민주적으로 변화가 이뤄지리라는 희망을 잃었다. 아니, 더 나쁘게 이런 희망을 품을 기회조차 없었다. 학생들에게 정치는 늘 막다른 골목과 같았다. 학생들은 모든 정치가 너무 근시안적으로 생각하기에 기후 보호를 위해 진심으로 노력할 정당은 없다고 여겼다. 기후 보호를 위한 운동이나 시위가 효과가 있을 것이라고도 거의 믿지 않았다. 차라리 그저 조용하게 살면서, 다가올 기후 재앙에 대비하고 싶다고 말했다. 어떤 여학생은 정치 이야기만 나오면 매번 할아버지와 큰소리로 다툰다고 했다. 할아버지는 기후 보호가 중요하다는 사실을 인정하지 않는다고 한다. 다른 여학생은 한때 기후 보호를 위한 시위에 참여했지만 아무 소용없었다고 한숨을 쉬었다. 또 다른 여학생은 나중에 결혼해서 아이를 낳을 생각이 없다고 못 박았

---

*　독일의 9년제 중등교육기관으로 대학 진학이 목표인 학생들이 간다.

다. 이런 세상에 아이를 낳아 키우는 일이 무슨 의미가 있는지 잘 모르겠다면서.

한 세대 전체가 희망을 품지 않고, 미래를 근심하며, 세계를 개선하는 일은 쓸모없다고 생각하는 데 익숙해진 모양이다. 이들은 학교에서 환경 파괴가 얼마나 심각한지 배운다. 그것이 우리 삶의 기반을 얼마나 위협하는지, 우리 인간이 환경을 얼마나 다양한 차원에서 파괴하는지, 세계가 얼마나 불공평하며, 수많은 사람이 보호받지 못하는지도 배운다. 그러나 바람직한 변화는 전혀 일어나지 않는다. "거대 정당은 기후 변화에 대처할 대책이 전혀 없어요." 한 학생이 이렇게 말했다. 늘 환경을 입에 올리던 정당마저 충분한 자료와 정보가 있음에도 합당한 노력을 하고 있지 않다. 과학자들이 이미 한목소리로 경고하고, 학생들도 사안의 절박함을 아는데도 말이다. 학생들은 자신들이 '디스Diss'당하는 느낌이라고 말한다. 이 말은 'Disrespekt'(영어로는 disrespect)를 줄인 것으로 '무시' 또는 '굴욕' 따위를 의미한다. 곧 정치가 자신들을 존중하지 않는다는 뜻이다.

씁쓸한 이야기지만, 이 청소년들은 더는 민주주의를 믿지 않는다. 이들은 자신과 자신의 미래를 정치권이 등한시하는 태도를 너무 자주 경험했다. 청소년들이 보는 정치는 단순한 권력 게임이다. 다소 정도의 차이는 있지만 정치가는 누구나 기회주의자이다. 심지어 선거에서 이기려면 기회주의자가 되어야만 한다. 이런 현실을 어떻게 바꿀 수 있을까? 아무 방법이 없다. 원래 시스템이 그러니까. 청소년들은 시위나 저항이 현실을 변화시키는 중요한 방법이라고는 전혀 생각하지 않는다.

너무 과장한다고? 한 가지 작은 실험을 해보자. 이 책을 잠깐 옆으로 젖혀두고 주변에서 가까운 사람 다섯에서 열 명에게 이렇게 물어보자. 정치가 자신을 충분히 대변해준다고 느끼나요? 나의 의견이 정치에 반영된다고 느끼나요? 돌아가는 세상사에 만족하나요, 아니면 불행하다고 느끼나요? 내기해도 좋다. 이 물음에 돌아오는 답은 모두 부정적이리라. 우리 사회를 전반적으로 조사한 적잖은 연구가 정확히 이런 사실을 확인해준다.[1] 조사 방법에 따라 편차는 있지만, 독일 국민의 3분의 1에서 대략 절반 정도는 만성적인 불만을 품고 있다. 누구도 자신의 얘기를 들어주지 않으며 민주주의에는 이미 오래전에 기대를 접었다는 이들이 많다. 2016년 봄부터 2023년 가을 사이에 매년 이뤄진 설문조사에서 정부를 신뢰한다고 답한 국민은 평균적으로 50% 남짓이었다. 신뢰도가 최저점을 찍었던 2023년 봄의 결과는 38%였다.[2] 2023년 8월 독일의 공익재단 쾨르버 재단Körber-Stiftung이 실시한 설문조사는 이런 결과를 내놓았다. "2020년 독일 국민 29%가 정당들을 신뢰한다고 대답했다. 그런데 2021년에 이 비율은 20%로 낮아졌으며, 2023년 현재에는 고작 9%로 극적인 최저점을 찍었다."[3] 조사 방법에 따라 이 통계 수치가 조금

씩 차이를 보일지라도, 분명한 사실은 매우 많은 독일 국민이 '지금의 현실'에 동의하지 못한다는 점이다. 그리고 이들 가운데 많은 사람이 상황을 바꿀 수 있다는 희망을 품지 못한다. 나는 바로 그래서 우리 가운데 적잖은 사람이 일종의 슬픔과 무력감을 느낀다고 생각한다. 독일의 미술평론가이자 에세이스트 다니엘 슈라이버Daniel Schreiber는 『홀로Allein』라는 책에서 이런 슬픔과 무력감을 인상적으로 묘사한다.

> 해소되지 않는 경제적 불평등으로 인한 문제, 점점 커져가는 독재정권의 영향, 막을 수 없어 보이는 기후 변화 등으로 머지않아 맞게 될 재앙들을 피하려 뭔가 할 의지를 인류는 잃은 것처럼 보인다. 대신 이상한 숙명론에 사로잡혀 먹고 마시는 순간의 쾌락을 탐닉하며 다가올 재앙을 넋 놓고 방관한다. (……) 아마 내가 느낀 감정을 나타낼 가장 적합한 표현은 '도덕적 상처'이리라. (……) 세상에서 벌어지는 끔찍한 참상을 구경만 할 뿐 아무것도 하지 않으려 든다. 우리는 무력하도록 저주받은 존재인가.[4]

우리는 세상이 살기 좋기를 원한다. 적어도 지금보다는 더 나아지기를 원한다. 인간에겐 타고난 정의감이 있고 교육은 정의감을 더욱 키우고 장려한다. 하지만 매일 부정과 불의로 얼룩

진 세상을 볼 때마다 정의감은 훼손된다. 상황을 바꿀 수 없어 보일 때 우리는 슬픔에 사로잡힌다. 신문과 책만 봐도 알 수 있다. 미래를 향한 불안과 오늘을 살아가는 피로감을 담은 에세이, 희망과 유쾌함의 상실을 다룬 책은 어디에서나 보인다. 도대체 뭘 어떻게 해야 좋을지 알 수 없는 힘든 시기에 수많은 자기 계발서는 성공과 행복, 최소한 만족하는 삶을 이룰 수 있게 해주겠다고 약속한다. 서구사회의 많은 시민은 고대 스토아학파의 평정 또는 일본의 오랜 지혜라는 '이키가이生き甲斐'에 매달려 마음을 다스리려 애쓴다. 모두 겸손한 자세로 '내면의 만족'을 추구하자는 가르침이다. 나는 지난 몇 년 동안 시대 진단, 세대 묘사, 자아 성찰을 담은 책 등을 숱하게 읽었다. 이 많은 기록 가운데 시위 또는 어떤 형태든 정치 참여를 진지하게 고민하는 책은 거의 찾아볼 수 없었다. 글에서 어떤 불행을 토로하든지 상관 없이 정치로 이 불행을 막을 수 있으며, 더 나아질 수 있겠다는 생각은 취급조차 되지 않는다. '학습된 무력감'이 아예 전 사회 집단을 집어삼켰다. 심리학에서는 이런 상태가 우울증을 가져올 수 있다고 이야기한다. 어디로 달리는지도 알기 힘든 거대한 열차, 무서운 속도로 달리는 열차의 승객처럼, 우리는 차창 밖을 흘끔거리며 목청 높여 서로 비난하기 바쁘다. 잘못은 내가 아니라 네가 저질렀다며. 바깥은 불타는 폐허처럼 뿌연 연기와 악취를 풍긴다. 그러나 누가 기관실로 가서 비상 브레이크

를 당길까? 폭주하는 열차를 멈출 생각은 아무도 하지 않는다.

벨기에 역사학자 안톤 예거는 2023년에 발표한 책『하이퍼 정치Hyperpolitik』에서 미국의 한 여성 기자가 2020년의 대통령 선거를 두고 한 말을 인용한다. "모든 것이 정치적이 되고 말았다. 어떤 스포츠를 관람하든, 무슨 상품을 사든, 심지어 어떻게 건강을 관리하든, 정치는 반드시 끼어든다."⁵ 2000년대에 들어 이루어졌던 탈정치화에 이어 다시금 정치화가 이루어졌다는 진단이 이 말의 핵심이다. 물론 틀린 말은 아니다. 하지만 정확히 말하면 그 정반대가 진실이다. 모든 것이 갑자기 정치적이 된 게 아니다. 언제나 모든 것은 정치적이었다. '대중정치'(20세기 초반 보통 선거권의 확대와 대중매체의 발달로 막을 연 대중정치는 대략 1973년에서 1989년 사이에 끝났다고 예거는 진단한다), 그 뒤를 이어 대중이 정치 영역에서 발을 빼고 사적 영역으로 물러난 이른바 '포스트 정치'(대략 2008년까지) 그리고 다시 이를 대체한 '안티 정치'(약 2016년까지)의 순서로 정치는 변모해왔다. 이런 일련의 변화는 국민이 정치를 관심에서 밀어내고 자기 인생과 상관 없는 것으로 여기는 과정을 보여준다. 하지만 이 과정은 오히려 더 포괄적인 정치화가 이뤄지는 새로운 국면을 불가피하게 불러왔다. 정치를 등한시하고 멀리한 결과, 자신과는 상관없는 곳에서 정치가 결정되고 국민 대다수의 삶을 좌지우지하는 일이 벌어졌기 때문이다. 예거는 이런 포괄적 정치화를 "하이퍼 정치"라고

(내가 보기에는 잘못) 부른다.

예거는 '지나친', '과잉'을 뜻하는 "하이퍼"라는 단어를 '정상'에서 크게 벗어난 상태를 나타내려는 의도로 썼다. 하지만 내가 보기에 오늘날 우리의 삶은 100% 정치적이라고 보는 편이 훨씬 더 논리적이다. 오늘날 서구사회에서 개인이 하는 모든 일, 또는 하지 않는 모든 일은 정치에 직접적으로, 또는 최소한 간접적으로 영향을 끼친다. 그리고 무엇보다도 내일의 정치가 빚어질 조건에 영향을 준다. 생태 파괴라는 물리적 현실은 우리가 하는 모든 행동을 정치적인 것으로 만든다. 결국 이 현실은 우리 인간이 스스로 만들어가고 있으며, 아무리 사적이고 중립적인 행동이라도 이 현실에 영향을 주고 있기 때문이다. 우리가 하는 모든 일, 또는 하지 않는 모든 일은 다른 사람의 생각과 행동에 직접적인 영향을 끼친다. 다시 말해 정치적인 입장을 가지거나 행동에 참여하기를 기권하거나 유보하는 선택도 아무런 영향을 주지 않는 중립적인 행위가 아니다. 전 세계적으로 환경이 되돌릴 수 없이 파괴되고 있음에도 이를 막으려 아무 노력도 하지 않는 것은, 공모까지는 아니라 할지라도 최소한 방임이다. 기하급수적으로 심각해지는 생태 위기 속에서 홀로 고고히 '내면의 만족'을 누리는 올바른 삶은 애당초 불가능하다.

한나 아렌트는 저서 『인간의 조건』*에서 우리 인간은 태어날 때부터 "관계라는 이름의 그물망"에 엮인다고 썼다.[6] 원했든 아니든, 무슨 목적을 추구하며 살든 그냥 아무 생각 없이 먹고살든 상관없이. 오늘날 우리가 살아가는 관계 그물망은 오로지 외부를 망가뜨려 발생하는 막대한 "영구 비용" 덕분에만 유지된다. 독일의 철학자 볼프람 아일렌베르거는 자원 개발로 환경이 망가지는 바람에 치러야 하는 비용을 "영구 비용"이라 불렀다.[7] 우리의 생태계 간섭은 매우 장기적인 파괴, 아예 되돌릴 수 없는 파괴를 낳는다. 이를 막으려 저항하지 않는 태도는 필연적으로 일상적인 무관심 속에서 파괴에 동참하는 것을 뜻할 수밖에 없다.

예거가 '하이퍼 정치'라 부른 것은 마치 거대한 빙산이 다가오고 있는 타이타닉호에서 탈출할 구명보트를 찾거나 체념해 오케스트라 연주를 듣는 것이 아니라, 비록 무의미해 보일지라도 필사적으로 항로를 바꾸려는 시도라고 할 수 있다. 이런 막막한 시도의 의미와 가치, 방법은 그때그때 상황에 맞춰 판단해야겠지만, 나는 보다 일반적인 관점에서 예거가 말하는 '하이퍼 정치'를 단순히 '정치'라고 부를 수 있으며, 보다 더 정확히 말하자면 '휴머니즘'이라고 불러야 한다고 제안하고 싶다. 우리는 민주주의의 정당성이 훼손된 책임을 거리에서 시위를 벌이는 사

---

*    이 책은 영어판과 독일어판의 제목이 다르다. 한나 아렌트는 미국에서 강의 원고를 다듬어 『The Human Condition』이라고 제목을 붙여 1958년에 발표했다. 2년 뒤 독일어판을 내면서 붙인 제목은 『Vita activa oder Vom tätigen Leben』(비타 악티바 또는 활동하는 삶)이다. 라틴어 비타 악티바는 '활동하는 삶'이라는 뜻이다.

람들이 아니라, 그저 집에 머물러 구경만 하는 사람에게 물어야 하지 않을까? 자유민주주의에서 우리가 시급히 다루어야 할 문제가 많아서 그렇기도 하지만, 무엇보다도 자유민주주의의 기반이 되는 조건 자체가 위협받고 있기 때문이다. 독일의 정치학자이자 미디어 연구가인 요나스 샤이블레는 『불타는 민주주의Demokratie im Feuer』에서 다원적 민주주의가 이룩해온 성취가 임박한 생태 위기로 심각한 위협에 처했다는 점을 매우 인상적으로 묘사한다. [8] 오늘 우리가 민주주의를 위해 싸우지 않는다면, 민주주의는 갈수록 숨 쉴 공간을 잃어버린다. 결국 민주주의는 내일 완전히 사라질 수 있다. 그럼 우리는 그 무엇이든 우리가 소중하게 여기는 것이 위기에 처했을 때, 그것을 지키려는 싸움조차 할 수 없게 된다.

지금껏 보여주었듯, 모든 것은 서로 맞물려 있다. 우리는 아직 삶을 즐길 여유가 있다고 생각하기에 소극적으로 행동한다. 우리는 마치 펌프질하듯 자원을 뽑아 쓰며 미래의 생태 환경으로부터 빚을 끌어와 쓰고 있으면서 현재가 안정적이라는 착각을 하고 있다. 우리가 적극적으로 행동하지 않아도 좋다고 여기는 것도 바로 이 착각 때문이다. 모든 게 '정상'이며, 앞으로도 이 정상이 끝없이 지속될 거라는 믿음은 흔들릴 줄 모른다. 하지만 지금 인류가 행동하는 방식은 악몽 같은 자기 파괴라고밖에 달리 말할 수 없다. 약물 중독자가 약을 찾아 헤매듯, 우리는 계속해서 더 깊게 땅을 파고 들어가며 걸신들린 듯 자원을 찾는다. 그리고 에너지 기업과 그 기업에 협조하는 정치권의 하수인은 파렴치한 마약상처럼 모든 걸 파괴하는 주삿바늘에서 벗어나려는 노력을 벌써 몇십 년에 걸쳐 방해하고 있다. 이 책의 원고를 마무리하고 있을 무렵 나는 제29차 유엔 기후변화협약 당사국총회(COP 29)가 아제르바이잔에서 개최되기로 했다는 뉴스를 들었다. 바로 직전 회의인 COP 28의 개최국은 아랍에미리트였다. 기후 문제를 논의한다면서 전제국가인 산유국이 그회의를 개최한다? 인류의 재앙을 막으려는 목적의 포럼은 아무래도 한 편의 코미디가 될 모양이다. 이런 회의 같은 초국가적기구가 필요한 변화를 기획하고 실행하기에는 글로벌 차원에서이뤄지는 화석연료 산업의 로비가 너무 강하다. 오래전부터 분명한 사실은, 전 세계적으로 정치의 결정이 내려지는 방식을 바꾸지 않는다면, 우리 인류는 생태는 물론이고 사회와 경제의 붕괴를 향해 무서운 속도로 질주하리라는 것이다.

이런 붕괴가 구체적으로 무엇을 뜻하는지 간략하게 요점만정리해보자. 섭씨 2.5도 이상 기온이 올라가게 되면 기후는 예측 불가능해지고, 극한의 홍수와 가뭄이 일어나 수십억 명의 사람이 주거지를 잃고 난민으로 떠돌아야만 한다. 이런 물리적인티핑포인트는 이어서 사회와 정치의 티핑포인트를 불러올 것이다. 국민경제, 민주주의, 국가는 뿌리째 흔들리고 내전이 일어난다. "재앙을 자초하는 이런 집단 자살"(콜롬비아 여성 작가 마벨 모레노Marvel Moreno의 표현[9])은 수십억 명의 사람들, 특히 재앙의 한복판에서 태어나는 세대에게는 자기 잘못이 아닌데도 당해야 하는 끔찍한 고통이다. 그리고 지구는 어차피 우리 인간이 없는 게 더 낫다거나, 인류는 결국 멸종할 운명이었다는 식으로 말하는 사람은 한 가지 분명한 사실을 간과한다. 이 멸종은 혜성 충돌처럼 갑자기 찾아오는 종말, 어떤 면에서는 순식간에 찾아와 은총처럼 여겨질 수 있는 마지막이 아니다. 오히려 우리뿐만 아니라 지구라는 이름의 이 행성에 사는 수백만 종의 생물이 천천히 고문을 당하며 멸종을 향해가는 슬로비디오 같은 죽음이 될 것이다.

과장된 디스토피아 시나리오가 아니다. 이것은 2024년 봄 현재 지극히 현실적인 시나리오이다. 고도로 발달하고 전문화한 현대 과학은 기후 문제를 두고 거의 일치된 설명을 하고 있다. 섭씨 3도에서 6도까지 기온이 올라가는 온난화가 현재 진행 중이며, 이로 말미암아 문명, 오늘날 우리가 아는 문명은 완전히 붕괴한다. 이 모든 건 민주주의 사회에 살며 충분한 정보와 정치적 자유를 누림에도 우리가 유일하게 이성적인 선택, 곧 우리의 생명을 스스로 지키는 선택을 하지 않아서 벌어지는 일이다(당연히 독재정권에서도 그러고 있다). "우리가 아는 모든 것이 우리가 하는 모든 행동과 모순된다." 미국의 과학사 학자 나오미 오레스케즈는 이렇게 요약한다. [10] 이런 상황에서도 일부는 기후가 파괴되는 과정에서 계속 부를 늘리고 있으며, 나머지 세계는 점점 나빠지고 있다.

당신이 무엇을 좋아하든, 무얼 보며 인생의 낙을 얻든, 그 모든 중요한 것이 위기에 처했다. 우리의 아이들, 그리고 그 아이가 커서 낳을 아이들은 아마도 이 소중한 무엇을 더는 보고 듣지 못하리라. 내 예를 들어보겠다. 나는 산간 마을 출신이다. 지금은 거기서 멀리 떨어져 살기 때문에 그곳을 생각하면 항상 그립고 알 수 없는 끌림을 느낀다. 슈바르츠발트*의 내 고향 작은 마을의 동네 산은 겨울이면 눈으로 뒤덮였다. 나는 자매들과 함께 동네의 여느 아이들처럼 스키를 약간 배워 탈 수 있었다. 지금 내 고향 사람들은 겨울에 단 열흘이라도 얇은 눈이 쌓이면 좋아서 어쩔 줄 모른다. 화이트 크리스마스는 이제 옛날이야기다. 크리스마스에 우리는 영상 12도에 주룩주룩 내리는 비를 맞아가며 마치 땀을 흘리는 것 같은 숲을 바라본다. 그래도 우리는 이곳에서 태어난 게 다행이라며 씁쓸하게 미소 짓는다. 해변가에서 태어났다면 높아지는 해수면을, 내륙의 메마른

---

\* '슈바르츠발트Schwarzwald'는 독일 남서부 지역, 스위스와 맞닿은 지역의 지명이다. 'Schwarz'(검다)와 'Wald'(숲)의 합성어로 워낙 숲이 울창해 검게 보일 정도라 이런 이름이 붙었다.

땅에서 태어났다면 숨 막히는 더위를 걱정했을 테니까. 이처럼 우리는 우리 자신이 물려받았던 것보다 훨씬 더 열악한 미래를 후손에게 물려준다. 이 무슨 끔찍하고도 기가 막힌 현실인가.

행동하기로 결심한 나의 개인적 동기는 바로 이런 경험이다. 물론 독자 여러분은 다른 동기, 훨씬 더 직접적이고 절박한 동기를 가질 수 있으리라. 인종차별과 반유대주의, 노동력과 자원 착취, 광신적 종교, 온기라고는 찾아볼 수 없는 냉혹한 사회 등 떨쳐 일어나 싸워야 할 동기는 아주 많다. 이 책을 마무리할 단계에 이른 지금 무엇보다도 중요한 진단은 이것이다. 휴머니즘이 이룩한 모든 성과, 투쟁으로 쟁취했든 아니든 이 모든 성과는 세계의 상황이 급격히 악화되면서 위기에 처했다. 사회와 경제가 불안정해질 때 흔히 일어나는 일은 소수 집단, 소외된 집단을 겨눈 노골적인 차별과 가혹한 냉대이다. 오늘날 우리가 어떤 문제가 가장 시급하다고 여기든, 기후 위기가 계속 심해질수록 그 문제도 더 악화할 것이 분명하다. 위기를 막고 조금이라도 더 세상을 낫게 만들기 위한 시간은 점점 줄어들고 있다.

"극지방의 빙하가 빠른 속도로 녹고 있는 마당에, 이길 방법을 천천히 찾아보자는 말은 패배의 선언과 다름없다." 미국의 한 기후 운동가는 이렇게 이야기했다.[11] 국가 단위의 노력과 국제 외교로 변화에 꼭 필요한 속도를 끌어올리는 데 우리는 실패했다. 경제와 정치가 행동에 나서게끔 강제할 방법으로 남은 것은 저항뿐이다. 물론 이 저항은 **평화적** 저항이어야만 한다. 하지만 예나 지금이나 우리는 어떻게 해야 평화적 저항이 효과를 발휘하게 할 수 있는지 잘 모른다.

어떤 미래가 우리를 기다리든, 오늘날 "모든 민족은 공통의 현재를 가진다"고 한나 아렌트는 이미 1968년에 썼다.[12] 최소한 아렌트의 이런 진단은 기후 위기가 전 세계적인 문제로 떠오른 지금 딱 맞아떨어진다. 그리고 이 위기로 빚어지는 폐해가 극도로 불평등하게 나타난다는 점은 인류의 역사에서 목격해온 바다. 지구가 속절없이 파괴되고 있다는 사실에 직면해 우리가 느끼는 불편함, 두려움, 불만을 명확히 담아낼 언어, 적절한 표현을 우리는 아직도 찾아내지 못했다. 하지만 우리는 단어 하나만큼은 확실히 가졌다. "무엇이 저항인가?" 알베르 카뮈는 이렇게 묻고 스스로 답했다. "그것은 '아니!' 하고 말하는 것이다."[13] 아무래도 우리는 더 자주 '아니!' 하고 말해야 하지 않을까. 그리고 마침내 "기후 보호" 대신 "인간 보호"를 우리는 말해야만 한다.

스스로 세상이 안정적이라고 믿고 수동적으로 살아온 수십 년, 거대한 불안을 겪으면서도 정치를 외면해온 끝에 남은 것은 세 가지 선택지이다. 첫 번째는 갈등이나 마찰을 피하며 그저 좋은 게 좋다는 식으로 어정쩡하게 살아가는 것이다. 그러나 이런 인생은 진정 자유로운 것과는 거리가 멀며 결국 훨씬 더 심각한 정치적 문화적 허무주의로 이어진다. 미국의 여성 사회학자 웬디 브라운은 『허무주의 시대Nihilistic Times』라는 책에서 허무주의에 이를 수밖에 없는 오늘날의 사회를 매우 인상 깊게 묘사했다. 허무주의에 빠진 사회에서는 이 장의 서두에서 언급한 여학생처럼 아이를 낳지 않겠다고 주저 없이 밝히는 태도가 정상으로 여겨진다. 아이를 낳지 않겠다는 말은 가볍게 들리지만, 곰곰이 생각하면 정말 무서운 이야기다. 자신의 안전을 보장받으려 새끼를 낳지 않는 동물을 한번 상상해보라. 두 번째 선택지는 정치에 관심을 두고 정의가 실현되도록 힘쓸 수 있게 그동안 위축된 근육을 다시 키우는 것이다. 그럼 세 번째는? 글쎄 지금 당장은 떠오르는 것이 없다.

어쨌든 오늘날의 민주주의는 지금 절실히 필요한 각성 대신, 일종의 정치적 마비 상태에 빠져버렸다. 생존을 위협하는 정치적 문제가 사방에 있고, 오늘날 사람들은 그 어느 때보다도 더 큰 자유와 자율권을 누리고 있는데도 이런 상황이라니 참으로 기이한 일이다. 프랑스 혁명이나 다이너마이트와 방화로 선거권을 쟁취하려 싸운 여성 참정권 운동 혹은 68세대의 학생운동에 나선 사람은 오늘날 우리가 거리로 나가 시위하지 **않는** 것을 보고 뭐라고 말할까? 아니, 멀리 갈 것도 없이 오늘날 파시즘적인 종교 정권에 맞서 싸우는 이란의 용감한 여성은 무기력하기만 한 우리를 보고 무슨 말을 할까? 기후 보호 운동을 하려면 목숨까지 걸어야만 하는 남아메리카나 아프리카의 환경 운동가는 뭐라고 할까?

우리는 "그래 봐야 아무 소용 없다" 하고 말하곤 한다. 1980년대 초만 해도 90%에 육박했던 독일의 투표율은 2000년대에 접어들며 70%로 주저앉았다. 사람들은 대개 의무감 때문에 또는 극단을 막아보려 투표할 뿐, 어떤 정당이나 정책 방향에 특히 감명받았다거나, 한 표를 행사했다는 뿌듯한 보람으로 투표하는 경우는 거의 없다. 영국의 보수당은 1953년 280만 명의 당원을 자랑했으나, 2022년에는 17만 명이라는 조촐한 수준으로 졸아들었다. 독일의 사회민주당 당원은 1970년대 중반 100만 명을 넘겼으나 이후 꾸준히 줄어 지금은 50만 명이 채 되지 않는다. 오늘날 일반적으로 사람들은 정당 활동을 하거나 정치에 참여하는 것이 더 어려워졌다고 느낀다. 이는 구조적인 문제이고, 사람들의 참여를 막는 체계적인 원인이 존재한다. 사람들이 정치에 소외감을 느끼는 것은 새로운 일이 전혀 아니다.

철학자 헤르베르트 마르쿠제는 자본주의가 인간을 바닥까지 철저히 일차원적으로 만든다고 고발한 바 있다. 1968년의 학생운동이 국제적 차원으로 번지기 1년 전 마르쿠제는 대표작『일차원적 인간One-Dimensional Man』에서 두 가지 서로 모순되는 가설을 제시했다. 첫 번째 가설은 이른바 '선진 산업사회'는 사회구조의 질적인 변화, 가까운 미래에 보다 더 평등하고 자유로운 사회로 나아가는 변화가 일어나지 못하게 막는 힘을 예전의 그 어떤 사회보다 더 강력하게 발휘한다는 것이다. 두 번째 가설은 이런 억제를 돌파하고 기존의 사회관계를 무너뜨리려는 힘이 작용한다는 것이다. 오로지 자본이라는 가치에만 매달리는 통에 인간이 수동적이며 일차원적으로 전락한다고 마르쿠제는 냉철하게 진단한다. 그런 인간은 오로지 "부족해"와 "더 많이"만 되뇐다. 인간은 부족함을 걱정하며 과잉을 추구한다. 인간은 부자를 질투하고 빈자를 경멸한다. 이런 물질주의의 기준을 넘어선 다른 세계, 훨씬 더 나은 세상을 생각조차 하지 않는다. 그 속에서 인간은 진정한 자유와 평화를 약속해주는 내일을 떠올리는 법을 잊어버렸다.

마르쿠제의 글을 읽으며 나는 일견 모순되어 보이는 두 가설이 우리가 살아가는 현실의 정확한 진단임을 깨달았다. 변화하려는 힘과 이 변화를 막으려는 힘의 충돌은 언제 어디서나 존재한다. 우선, 평화 저항은 세상을 빠르게 더 나은 방향으로 바꿀수 있다. 하지만 아이러니하게도 우리는 지금 당장은 부족할 게 없는 괜찮은 상황이기에 나빠지는 것을 막기 위해 싸우려 하지 않는다. 기후 위기가 코앞에 닥쳐왔음에도 기름을 펑펑 쓰면서 풍요를 만끽하고 있는 탓에 우리는 투쟁할 필요를 느끼지 못한다. 오늘날 민주사회의 대다수 국민이 갈등으로 얼룩진 정치를 멀리하는 이유는 이미 풍요와 자유를 누리고 있기 때문이다. 그러나 이런 풍요와 자유는 숱한 갈등을 피하지 않고 해결하려 노력한 선대의 정치 투쟁 덕분임을 우리는 잊고 있다. 이렇게 비유할 수도 있다. 우리는 다른 사람이 파업과 시위와 점거 같은 투쟁으로 마련해준 미지근한 욕조에 누워 있다. 아직은 나가서 싸울 만큼 물이 차갑지는 않다. 하지만 이미 우리는 이제 곧 이런 호사가 끝날 거라는 사실을 잘 안다. 행동에 나서지 않는다면, 물은 차가워질 뿐만 아니라, 아예 바닥을 드러낼 것이라는 점을. 자신에게 닥칠 위기에도 나서지 않고 수수방관만 하는 모습은 정말이지 우리를 심각하게 좌절시킨다.

마르쿠제는 모든 책임을 개인에게 떠넘기는 신자유주의가 위세를 떨치리라고는 예상할 수 없었다. 신자유주의는 능력주의를 부추기는 다양한 서사를 통해 우리 사회와 문화에 막강한 영향력을 발휘하고 있다. 이를테면 "인간은 누구나 자신의 행복을 스스로 주조해야 하는 대장장이다"라든가, 할리우드가 숱하게 변주하는 "접시닦이에서 백만장자로"처럼 우리 의식 속에 깊이 박힌 스토리가 대표적인 능력주의 서사이다. 마르쿠제는 또 점성술과 같은 신비주의에 빠져 현실을 왜곡하고 부정하는 작태, 말초적 쾌락에 집착하는 향락주의, 부정한 세상에 맞서기보다 아이 낳는 걸 포기하는 반출생주의가 이처럼 들끓으리라고는 짐작조차 하지 못했다.

슬로베니아 철학자 슬라보예 지젝은『과잉 쾌락: 혼란에 빠지지 않는 법Surplus-Enjoyment: A Guide For The Non-Perplexed』에

서 마찬가지로 사람들이 정치에 소극적인 원인을 추적한다. 지젝은 민주주의에 거는 사람들의 믿음이 부족한 게 아니라 너무 많아서 문제라고 진단한다. 더 정확히 말하면 "민주주의가 자본주의에 대항하는 투쟁 형식이라고 보는 믿음"이 너무 많다. 스스로 공산주의자임을 공언한 지젝은 자본주의를 착취와 파괴의 주범이라고 규정한다.[14] 지젝의 논리에 꼭 동의할 필요는 없다. 하지만 지젝이 오늘날에는 할리우드 영화조차 "반자본주의"를 내세우며 대기업을 "악당"으로 몰아세우면서, 자본주의에 대항하는 진정한 투쟁에서 "파괴력"을 빼앗는다고 고발하는 대목은 새겨봐야 할 가치가 충분하다. 지젝은 우리가 앞서 살핀 바 있는 스웨덴 기후 운동가이자 저자인 안드레아스 말름(『어떻게 파이프라인을 날릴까』)의 논리에 기대어 폭력을 완전히 포기하는 것은 잘못된 투쟁 방식이며, 사보타주와 기물 파손은 정당한 투쟁 방법일 뿐만 아니라 권장 사항이라는 결론을 내린다. 그렇지 않고 말로만 떠드는 건 그레타 툰베리가 2019년 스위스 다보스에서 "헛소리"라고 조롱한 정치인들의 미사여구에 지나지 않는다고 지젝은 지적한다. 그레타 툰베리는 기후를 걱정하며 공정과 정의를 말하는 그 정치인들의 진짜 의도는 "현실에서 아무 변화도 일어나지 않게 하려는 것"이라고 꼬집었다. 지젝은 한발 더 나아가 우리가 진정한 투쟁을 벌일 의지를 갖춰야 한다고 강조한다. "우리는, 발터 벤야민이 표현했듯, 역사라는 열차의 비상

제동 장치를 당겨야만 한다."[15]

　일차원적이어서 인간은 소극적이고 수동적일 수밖에 없다는 마르쿠제의 명쾌한 분석이 나온 지 거의 60년이 흐른 지금, 독일의 정치학자 아르민 셰퍼와 미하엘 취른은 "민주주의 퇴행"이 어떻게 일어나고 있는지를 보여주는 매우 포괄적인 보고서를 내놓았다. 두 학자는 이 퇴행이 이중의 소외와 맞물려 일어난다고 진단한다. 한편으로는 "민주주의의 이상으로부터 멀어지는 추상적 소외"가, 다른 한편으로는 "민주주의의 제도와 시민이 분리되는 구체적 소외"가 민주주의를 후퇴시킨다. 이처럼 민주주의가 기능을 잃어버렸음에도 우리는 마음 편하게 살아왔다. 우리는 한편으로는 "저 위"가 알아서 바로잡겠지 하고 믿으며, 다른 한편으로 "저 위"가 할 일을 제대로 하지 않는다고 불평한다. 불만을 쏟아내며 저주와 욕설을 일삼지만, 우리는 직접 뭔가 하려 들지는 않는다. 심지어 하려는 의지를 낸다면 뭔가 할 수 있다고 믿지도 않는다. 그저 대단히 미성숙한 태도로 정치라는 난장판, 어질러진 아이 방 같은 난장판을 청소하려 들지도 않는다. 함께 힘을 모아 무슨 변화를 어떻게 일궈낼 수 있을지 고민하는 대신, 어차피 해도 안 된다는 냉소가 유행처럼 번졌다.

　그러나 체념도 그럴 자격이 있는 사람만 할 수 있다. 위기가 빚어지도록 적극적으로 거들어놓고, 구해달라고 아우성치는 소리를 외면하는 태도는 뻔뻔하고 무자비하다. 우리가 비교적 안

전한 서구 민주주의 사회에 살며 폭풍전야의 평온함을 누리는 반면, 다른 곳의 사람들은 우리가 원인을 제공한 폭염으로 목숨을 잃는다. 줄어드는 자원으로 곳곳에서 전쟁이 터진다. 굶주림과 갈증으로 숱한 사람이 고통에 시달린다. 고학력에 부유한 사람은 시위가 무슨 소용이 있느냐며 콧잔등을 찡그리지만, 특권이라고는 누리지 못하는 소외 계층은 약간의 자원만 있어도 저항에 나설 수 있다고 기뻐하리라.

바로 그래서 이렇게도 말할 수 있다. 비정상이 '정상'이 된 상황에서 벗어나길 거부하고, 오히려 비정상을 유지하는 데 거드는 사람은 그로 인한 피해에 공동책임을 져야 한다고. 시리아계 독일 작가 라피크 샤미가 쓴 문장을 읽어보자. "세계사에 막중한 영향을 끼친 집단은 바로 무관심으로 일관한 사람들이다. 그런데 놀랍게도 아무도 이들 이야기는 하지 않는다. 극단주의 세력의 출현에 가장 크게 힘을 보탠 쪽은 바로 이 소극적이고 수동적인 사람이다."[16] 물론 모든 인간 공동체 또는 민족국가 사회에는 어떤 참상이 빚어지는 데 직접적 원인을 제공한 사람, 주된 책임을 져야 할 사람이 있다. 하지만 누구나 부정과 불의를 끝내는 데 기여를 할 수 있다면, 너무 오랫동안 구경만 하는 사람은 책임을 피할 수 없다. 올바른 일을 위해 저항하거나 아무 행동도 하지 않는 사람은 결국 그 침묵으로 그릇된 상황이 계속되도록 힘을 보태는 셈이니까. 한나 아렌트가 흑인 인권운동과 관련해 언급한, 부당하거나 배타적인 "보편적 합의"(알렉시 드 토크빌)에도 적용할 수 있는 이야기다.[17] 킹과 파크스를 비롯한 사람들은 기본적으로 "보편적 합의"를 지지하고 미국 민주주의를 믿고서 폭력 투쟁을 거부했지만, 그래도 유색인종을 차별하는 합의만큼은 인정하지 않았다. 우리도 모두 부당한 합의, 잘못된 법은 생산적으로 거부할 수 있어야 한다. 바로 지금!

평화와 자유와 정의와 생태를 위해 헌신하는 운동, "21세기의 새로운 평화운동"(루이자 노이바우어[18])은 어떤 모습일까? 얼마 전 작고한 프랑스 철학자 브뤼노 라투르는 덴마크의 정치경제학자 니콜라이 슐츠와 함께 쓴 책『녹색 계급의 출현Mémo sur la nouvelle classe écologique』에서 녹색 계급의 가장 중요한 과제는 생명의 토대를 보호하는 것이라고 설명한다. 그러나 이를 위해서는 무엇이 자신의 인생 목적인지 알아야만 할 뿐만 아니라, 이 목적을 위해 무엇을 희생할 각오가 되었는지 명확히 새겨야만 한다. 저항하는 사람은 자신의 시간과 자원과 에너지를 희생한다. 타성에 젖은 이들은 어떤 변화든 막아내려 에너지를 희생한다. 우리는 무엇을 희생할까?

니더작센주 하노버에서 김나지움 학생과 이야기를 나누면서 나는 그들이 왜 그렇게 생각하고 행동하는지 십분 이해할 수 있었다. 자신의 미래가 권력자들 때문에 망가지는 기분은 정말 끔찍하리라. 하지만 나는 학생들의 생각과 행동이 옳다고는 믿지 않는다. 그리고 이 책을 쓰느라 자료를 모으고 살피며 나는 왜 그들이 틀렸는지 확실히 알았다. 마음 같아서는 그들에게 당장 달려가 그동안 발견한 사실, 그로써 얻은 확신이 무엇인지 이야기를 나누고 싶다. 특히 어떻게 해야 저항이 실제로 힘을 발휘할 수 있는지 하는 물음을 놓고 그들과 토론하고 싶다. 더 나아가 저항이 세계를 바꿀 수 있는지, 있다면 그 구체적인 방법은 무엇인지 함께 나누는 대화는 생각만 해도 가슴이 뛴다. 이 책의 내용을 한마디로 요약한다면 나는 이렇게 말하고 싶다. 사회는 복잡계다. 거부의 목소리로 사회를 변화시키는 일에 어떠한 성공 공식이나 비결은 없다. 마지막으로 마틴 루서 킹을 인용해보겠다. "권력을 나눠 가지려는 혁명 투쟁을 버튼만 누르면 되게 만들어주는 전술 이론은 없다."[19] 하지만 효과가 있다고 충분히 증명된 방법들은 존재하며, 이를 배울 필요가 있다.

자기 효능감이 있는 운동은 희망에 부푼 집단의식, '우리'를 만들어낸다. 훼손당한 가치와 규범을 보며 분노하는 감정, 다시 말해서 불의와 부정을 허용해서는 안 된다는 공통의 정서가 '우리'를 결집해준다. '우리'라는 집단의식을 고취시키기 위해 저항은 불의와 부정이 무엇인지를 대중에 호소하는 간명하고 호소력 있는 이야기를 들려줄 수 있어야 한다. 갈등을 우리 대 저들, 올바름 대 그릇됨, 건설적 대 파괴적이라는 구도로 담아내어 누가 적인지 분명히 보여주면, 지켜야 할 도덕이 무엇인지 명확해지고 다른 이들과의 소통도 원활해진다. 그렇게 되면 사회 전반에 걸쳐 치유력이 발휘된다. 감동적인 이야기를 바탕으로 형성된 집단은 사회의 모든 기둥에서 끈질기게 동맹을 찾아야 하며, 상대를 딜레마 상황으로 몰아넣어야 한다. 상대의 억압과 반격이 격렬하다는 것은 운동이 어느 정도 목표에 근접했음을 알려주는 반증으로 보아야 한다.

저항은 윤리를 바로 세우자는 선언이며, 윤리는 무엇보다도 이야기를 통해 전파되는 것이기에, 저항은 상징적 갈등 상황을 계속 만들어내 우리 앞에 계속 윤리적 선택을 제시해야 한다. 저항은 사람을 혼란에 빠뜨리고 귀찮게 만들 용기를 가져야만 한다. 거부와 회피는 까다로운 윤리적 결정 앞에 인간이 보이는 자연스러운 반응이다. 물론 두 가지 나쁜 선택지를 놓고 어느 하나를 골라야만 하는 상황은 딜레마이다. 하지만 완벽하게 좋은 해결책이 없기에 차선의 선택지를 고르는 딜레마는 피할 수 없다. 저항 본연의 과제는 문제를 문제라고 제기하는 것이며, 타협을 고민할 이유는 없지만, 저항이 혁명적 자세만 고집하지 않으려면 대안을 함께 고민해야 한다. 이른바 '해결책'의 제시가 저항의 과제는 아니지만, 대안을 제시하지 못하는 저항은 비생산적인 현재에 머무르며 경직될 수 있다. 그렇지만 본디 저항운동은 내일을 바라보며 대안을 찾기보다는 더 근본으로 돌아가야 한다. 과격해진다는 의미에서가 아니라 원래 의미대로 충실하게 뿌리로 거슬러 올라가는 '급진화'가 필요하다. 즉 저항은 오늘날 우리가 겪는 문제의 뿌리를 과감히 드러내, 온 세상이 똑바로 볼 수 있게 해주어야만 한다. 그러나 폭력은 언제나 잘못된 방법이다. 폭력은 저항의 윤리적 토대를 무너뜨리며, 상대가 직면한 딜레마에서 쉽게 빠져나갈 구실을 제공한다.

그러므로 우리는 단단히 단결해야 한다. 정말로 정당한 일을 위해 저항해야만 한다. 그리고 싸움을 멈춰서는 안 된다. 인내심을 가지고 꾸준히 나아가다 보면 언젠가 권력이 골고루 나뉘는 때는 반드시 찾아온다.

"인간의 모든 불행은 그가 홀로 조용히 방 안에 머무르지 못하는 탓에 생겨난다." 철학자 블레즈 파스칼이 쓴 문장이다.[20] 내가 보기에 오늘날에는 그 반대가 진실이다. 인류의 모든 불행은 방 안에만 틀어박혀 좀체 나오려 하지 않는 탓에 생겨난다. '포스트 정치(탈정치)'와 '하이퍼 정치(과잉 정치)' 이후 우리는 피할 수 없이 '프로 정치Propolitik(친정치)'라는 새로운 국면으로 나아가야 한다. 프로 정치의 시대에서는 누구나 자신이 소중히 여기는 가치를 위해 헌신하려 노력한다. 잠깐 이 새로운 시대의 일상을 상상해보자. 이 시대에는 시위하러 거리로 나가는 것이 정상이다. 시간이 있고 주장에 동의할 때만이 아니라 매주 최소한 번, 사람들과 즐겁게 어울리고, 새로운 얼굴에 반갑게 인사하며, 직장 동료나 동호회 회원과 함께 거리로 나간다. 스타트업이든 보험회사든 축구클럽이든 모든 회사와 단체와 기관은 시위하러 갈 수 있게 시간을 준다. 자주 시위하러 가는 사람이 아니라 드물게 또는 전혀 가지 않는 사람이 괴짜 취급을 받는다. 이 새로운 정상에서 대중을 배제하고 반인간적인 정책은 들어설 자리가 없다. 미국의 작가이자 철학자 콰메 앤서니 아피아는 『명예의 문제: 도덕 혁명은 어떻게 일어나나The Honor Code: How Moral Revolutions Happen』에서 폐단의 뿌리까지 도려내는 심오한 변화의 문을 여는 일이 외부의 압력이나 어떤 새로운 '주의主義'가 없이도 어떻게 이뤄질 수 있는지 흥미롭게 묘사한다. 처음에 사람들은 정상을 깨는 게 아닐까 주저하고 부끄러워한다. 그러다가 어떤 시점에 이르면 사람들은 왜 이처럼 오랫동안 이런 잘못된 정상을 고집해왔는지 부끄러워한다.

무엇보다도 중요한 일은 저항하고 참여하는 능력을 키우는 노력이다. 여기에는 사람들이 정치에 참여할 수 있도록 정신적·물질적 자원을 지원해주는 일도 포함된다. 거의 모든 습관과 기술이 그렇듯, 저항하는 법도 젊은 시절에 배우지 않으면 나중에는 배우기 더 힘들어진다. 학교에서 청소년 의회와 같은 참여형 프로그램으로 책임감을 소중히 여기는 교육이 이뤄져야만 한다. 꼼수나 지름길은 없으며, 오직 노력과 약간의 영리함이 도움이 된다는 점을 빨리 깨달을수록 더 빨리 배울 수 있다. 배우고자 하는 의지만 있다면 흥미진진한 이야기를 담은 좋은 관련 서적은 쉽사리 찾아볼 수 있다. 또 관심 있는 사람은 주변에서 시민운동 단체와 얼마든지 접촉할 수 있다. 이처럼 글이나 단체 활동으로 배울 기회는 충분하다. 하룻밤 새 완벽하게 피아노를 연주한다거나, 일본어를 유창하게 할 수 있기를 바라는 사람은 아무도 없다. 저항도 마찬가지다. 처음에는 매우 어려워 보일지라도 연습을 게을리하지 않는다면 누구나 저항을 배울 수 있다.

아리스토텔레스는 인간을 "정치적 동물"이라고 정의했다. 인간이 언어를 발명한 이유는 언어로 "유익한 것과 해로운 것을, 정의와 불의를 명확히 구분해서 알리기 위해서다. 이런 능력이야말로 인간이 동물과 다른 점이다. 인간만이 선과 악, 옳고 그름을 구분할 수 있다."[21] 나는 생각한다, 그러므로 나는 말한다. 나는 말한다, 그러므로 나는 저항한다. 하지만 "공동체에 참가할 수 없거나, (……) 혼자서도 얼마든지 잘 지낼 수 있으니 공동체가 필요 없다는 사람은 당연히 국가의 국민일 수 없다. 그는 짐승이거나 신이다."[22] 바꿔 말해서 정치에서 떨어져 사는 사람은 오로지 먹고살려고 존재할 뿐인 인간, 곧 본능만 따르는 짐승이거나 아니면 인간 세상 저 위에서 떠다니는 고고한 존재이다. 인간은 누구나 다른 인간과 함께 살아가는 존재이다. 짐승으로 살아가고 싶어 하는 사람은 아무도 없다. 그리고 (기분 나빠할 사람이 없길 바라며) 우리 모두는 신이 아니다.

# 존재의
# 참을 수 없는
# 동시성

이제 책을 끝내야 할 때다. 저항은 어떻게 하는지, 어찌해야 성공하는지 충분히 읽고 알았다면, 이제 독자 여러분은 책을 옆에 두고 무엇을 위해, 또는 어떤 것에 반대해 저항할지 탐색을 시작할 수 있다. 물론 저항하지 않는 선택도 존중되어야 한다. 민주주의의 기본은 자유를 누릴 권리니까. 헌법이 보장하는 참여의 권리, 예를 들어 시위 또는 저항할 권리를 쓸지 말지 선택하는 건 어디까지나 개인의 자유이다. 그건 그것대로 좋다. 제아무리 고결한 투쟁이라 한들 사람들이 원하지 않는다면 무슨 소용이랴. 나는 독자 여러분을 사실과 다른 이야기로 호도하고 싶지도 않다. 내가 이 책에서 강조한 요점에 반론이 없는 것은 아니다. 많은 경우 저항이 달갑지 않고 무용하며 무의미해 보이기까지 한다. 그렇지만 우리는 분명 뭔가 공유한다. 우리는 인생에 의미가 있다고 믿고 싶어 한다. 영웅과 악당이 대립하며 치열한 싸움이 이어진 끝에 선한 쪽이 승리하는 멋진 스토리를 믿고 싶어 한다. 영웅이 난관을 극복하며 변화를 이루어낸 끝에 맞이하는 해피엔드를 원한다. 그리고 무엇보다도 우리는 희망을 원한다.

그런데 안타깝게도 추상적 자원인 희망은, 희망을 가져오는 수단인 저항과 마찬가지로, '무더기 역설'의 적용을 받는다. 이역설은 기원전 4세기경 활동한 그리스 철학자 에우불리데스가 처음으로 제기한 것으로, 무엇을 '무더기'로 볼 것인지 정의하려

할 때 이 역설이 나타난다. 언제부터 부분들은 무더기를 이룰까? 어느 시점부터 산발적으로 흩어져 있던 희망은 집단을 변화시킬 잠재력이 될까? 어떤 것을 지지하거나 거부하는 개인은 몇 명이 모여야 운동이 될까? 개별적인 거부의 목소리는 언제부터 저항이 될까? 모래알이 얼마나 뭉쳐야 무더기가 되는지 확실한 기준이 없는 것과 마찬가지로, 그 경계는 결국 자의적인 선택에 따른다.

결국 결정적 전환점, 곧 티핑포인트를 찾는 우리의 갈망은 애매한 변수와 맞닥뜨린다. 내가 내일 거리에 나가서 커다란 플래카드를 걸었다고 해서, 이런 행동이 희망찬 운동이 되는 것은 아니다. 그렇다면 나의 행동이 언제 운동이 될까 하는 물음에는 전혀 답이 없을까? 베를린과 같은 도시에서는 매년 일일이 헤아리기도 힘들 정도의 많은 시위가 열린다. 그중 무엇이 변화를 일으키고 무엇이 그렇지 않을지 내가 감히 판단하고 평가할 수는 없다. 내가 뭐라고 그런 건방진 판단을 내릴까? 흔히 역사는 승자가 쓰는 것이라고들 한다. 나는 그렇지 않다고 생각한다. 역사는 낭만주의자가, 이야기는 이야기꾼이 써왔다. 그리고 더욱 중요한 것은 역사와 이야기를 믿는 누군가의 존재이다. 무엇을 믿을지 하는 문제는 우리의 결정에 달렸으며, 이런 결단이야말로 우리가 가진 가장 강력한 힘이다. 뭔가 변화시킬 수 있으려면 판타지와 희망이 필요하다. 판타지와 희망은 근육과 같아 연습하고 단련해야 키워진다.

　나는 이 문장을 1월의 어느 주말에 쓰고 있다. 바로 이 주말에 수많은 독일 도시에서 수십만 명의 사람들이 시위를 벌였다. 갈수록 세를 불려가는 극단 세력을 막고 민주주의를 되살려야 한다며 사람들은 추운 날씨에도 거리를 행진했다. 아마 독자 여러분 가운데도 이 시위에 참여한 분이 계시리라. 참가하지 않았다고 하더라도 방송 뉴스에서 함부르크, 뮌헨, 마인츠, 할레, 드레스덴, 그라이프스발트에서 행진하는 군중의 모습은 누구나 보지 않았을까. 이 책의 막바지에 이른 지금 온갖 이론과 주장, 외래어와 전문용어 따위는 젖혀두고 시위 광경을 보며 무엇을 느꼈는지 하는 물음에 집중해보자. 나는 가슴 깊숙한 곳에서 뭉클 피어오르는 따뜻함을 느꼈다. 그리고 절로 심호흡을 했다. 우리는 이 느낌을 나타낼 많은 단어를 안다. 희망, 자신감, 신뢰, 연대감, 열정, 그리고 용기. 여러분도 비슷한 느낌을 받았을까? 우리는 이런 느낌을 더 자주 경험해야 하지 않을까?

　수천 년 동안 인류는 행복한 인생, 성공적인 인생을 산다는 것이 대체 어떤 인생을 말하는지 성찰해왔다. 나는 요즘 우리가 행복하고 성공적인 인생을 만드는 가장 중요하고도 단순한 요소를 자주 잊고 있다고 생각한다. 우리는 함께 힘을 모아 뭔가 큰일, 정의로운 일을 이루고자 할 때 앞서 말한 따뜻함을 느낀다. 햇살, 불을 쬐며 느끼는 물리적 온기나 인간적 교류로 나누는 친밀함과 마찬가지로, 이 따뜻함은 행복하고 성공적인 인생을 이루어주는 조건 가운데 하나이다. 우리는 사회적 존재다. 함께 무엇인가 이룩할 때 우리의 유전적 보상 체계는 기쁨을 누리는 호르몬을 선물한다. 함께 식사하거나 섹스할 때처럼 말이다. 나는 사람들이 참여, 시위, 그리고 서로 대립하지만 존중하는 정치적 싸움에서 즐거움을 얻는다고 생각한다. 그러니 이런 즐거움을 자신을 위해 누리도록 하자. 이런 온기를 오롯이 맛볼 수 있는 일을 위해 헌신하는 태도를 가지자. 그래야 우리는 행복할 수 있으니까. 그리고 이 행복은 나만이 아니라 우리 모두가 누린다.

이 책으로 유리창을 깨지는 말자. 도덕적 상처를 입었지만 이를 치유하려면 무엇을 해야 좋을지 몰라 고민하는 사람에게 이 책을 빌려주자. 가장 차갑고 냉소적인 사람조차 이 온기를 갈망한다고 나는 믿는다. 그들에게 이 책을 권해보자. 함께 책을 읽는다면, 우리는 존재의 참을 수 없는 동시성을 깨닫게 될 것이다. 우리는 지금과 같은 식으로는 더 이상 지속될 수 없는 시대에 함께 살고 있다. 하지만 우리는 어떻게 해야 이런 상황을 바꿀 수 있는지 알지 못한다. 이런 상황이 빚어진 책임을 스스로 지고 싶어 하는 사람은 없으리라. 하지만 동시에 잘못을 저지르며 살고 싶은 사람도 없다. 어떻게 시작할까? 출발점을 찾아내는 일은 우리 각자의 몫이다. 출발점을 찾는 일은 논쟁하고 서로 연결되도록 우리를 이끈다. 얼핏 보기에는 수고로울 것 같지만, 보장한다. 잃는 것보다 얻는 것이 훨씬 더 많으리라는 것을. 그 보상으로 우리는 아이 또는 사랑하는 사람에게 지금까지보다 더 나은 답을 줄 수 있다. 직접 겪은 경험은 저항을 어떻게 하는지, 왜 저항이 보람을 주는지 잘 설명할 수 있게 해준다. 무엇이 가능한지 알아내는 일은 아예 알아내려 시도조차 하지 않는 것보다 낫다. 오랫동안 우정을 나눠온 친한 친구 한 명과 스웨덴의 차가운 바다 앞에 선 적이 있다. 우리는 바다를 바라보며 뛰어들지 말지 이야기하며 서로 의미심장한 미소를 지었다. 친구는 답했다. "뛰어들면 후회하는 일은 없겠지. 뛰어들지 않으면 나중에 분명 후회할 거야."

오늘날 사람들이 용기를 잃은 데에는 충분한 이유가 있다. 나쁜 소식은 이렇다. 현재 우리의 싸움은 승산이 어둡기만 하다. 이 싸움에서 패한다면, 우리가 아끼는 많은 것들이 사라지리라. 좋은 소식은 우리가 싸움을 아직 시작도 하지 않았다는 점이다. 미국의 가수 길 스콧헤론은 이런 말을 했다. "머릿속에서 일어나는 혁명은 아무도 주목하지 않는다." 바로 그래서 실천에 옮겨진 모든 저항은 희망을 담은 메시지이다. 너무 늦은 때란 없다. 그리고 저항은 우리 모두의 문제이다. 바뀔 수 있다. 변화는 일어나야만 한다. 바로 그래서 우리는 저마다 모든 저항의 시작이자 끝이나 다름없는 다음 물음의 답을 찾아야 한다. 당신은 어디 서 있는가? 무엇을 지키고자 하는가? 더 간단히 우리는 이렇게 물어야만 한다. 당신은 누구인가?

격동의 시대에 주어진 이런 물음의 좋은 답을 찾는 노력이 우리를 인간으로 만든다. 가슴이 먹먹해질 정도로 아름다운 과제를 함께 힘을 모아 풀어나가자.

**감사의 말**

나를 신뢰해주고 지원해준 크리스토프 슈테스칼Christoph Steskal과 루드거 이카스Ludger Ikas, 엘리자베트 루게Elisabeth Ruge, 카타리나 포겔Katharina Vogel 그리고 미미 불츠Mimi Wulz, 디아나 슈튑스Diana Stübs, 카르스텐 크레델Karsten Kredel에게 감사를 전한다. '토마스 만 하우스Thomas Mann House', 특히 벤노 헤르츠Benno Herz, 올리버 하르트만 박사Dr. Oliver Hartmann, 야콥 쉐러 박사Dr. Jakob Scherer, 게사 슈베르트 박사DR. Gesa Schubert, 네가르 바게리Negar Bagheri를 비롯해, 특히 그곳에서 나와 함께 귀한 시간을 보낸 동료들 르네 아귀가René Aguigah, 소피샤를로테 오피츠 박사Dr. Sophie-Charlotte Opitz, 안드레아 뢰멜레 교수Prof. Andrea Römmele, 라헬 예기 교수Prof. Rahel Jäggi 그리고 자비네 하르크 교수Prof. Sabine Hark가 베푼 관심과 도움에 깊은 감사를 드린다. 정말이지 고마운 분은 이 책의 몇몇 장이 흠결을 바로잡을 수 있게 결정적인 조언을 베풀어준 카이 힌리히 뮐러 박사Dr. Kai Hinrich Müller, 그리고 박사를 나에게 소개해준 제바스티안 뮐러헤르샤이트Sebastian Müller-Herscheid이다. 루이자 노이바우어, 카를라 힌리히스, 레아 보나세라를 비롯해 흔쾌히 대화에 응해준 분들에게도 감사를 전한다. 레오니 발터Leonie Walter는 나에게 저항의 심리학을 쉽게 풀어주며 소중한 도움을 베풀었다. 귀한 충고를 아끼지 않은 볼프람 아일렌베르거에게도 감사한다. 동료로서 우정을 베풀어준 자미라 엘 우아실의 도움이 없었다면 이 책은 세상에 나올 수 없었으리라. 미국 남부의 사람들에게도 귀한 이야기를 들려준 것에 감사한다. 마지막으로 정의로운 저항을 위해 용기를 보여준 모든 분께 감사한 마음이다.

## 주
## 석

### 프롤로그

1   Rosa Parks: "1995 Academy Summit" [Videoaufnahme Rede], 2. Juni 1995, https://www.youtube.com/watch?v=xSoHnQb wJis

2   Dieter Rucht: ≫Protest. Eine Einfuhrung≪ [Online-Video], 17. Juni 2019, https://www.bpb.de/mediathek/video/298299/protest-eine-einfuehrung/

### I 파도처럼 밀려온다

1   "Tagesschau", 1989년 11월 9일자 방송, https://www.tagesschau.de/multimedia/video/video-617291.html

2   Armin Nassehi, 『Das große Nein. Eigendynamik und Tragik des gesellschaftlichen Protests』, 교재용 판본, Hamburg, 2020, 7쪽.

3   Gene Sharp, 『The Politics of Nonviolent Action』, Boston, Porter Sargent, 1973.

4   Zeynep Tufekci, 『Twitter and Tear Gas: The Power and Fragility of Networked Protest』, New Haven, Yale University Press, 2017, xxvi쪽.

5   위의 책, xiii쪽.

6   Sascha Chaimowicz & Anna Mayr, "Es ist offensichtlich, dass gerade einiges zerbricht", 〈Zeit Online〉, 2023년 10월 30일, https://www.zeit.

de/zeit-magazin/leben/2023-10/luisa-neu- bauer-greta-thunberg-israel-
gazastreifen

**7**   Tufekci, 위의 책, x쪽.

---

## Ⅱ 혁명의 3.5퍼센트

**1**   Mark Engler & Paul Engler, 『This Is an Uprising: How Nonviolent Revolt
Is Shaping the Twenty-First Century』, New York, Bold Type Books, 2016,
107쪽.(마크 엥글러, 폴 엥글러 지음, 김병순 옮김, 『21세기 시민혁명: 비폭력이 세상을 바꾼다』,
갈마바람, 2018)

**2**   Erika Chenoweth & Maria Stephan, 『Why Civil Resistance Works: The
Strategic Logic of Nonviolent Conflict』, New York, Columbia Press, 2011.(
에리카 체노웨스, 마리아 스티븐 지음, 강미경 옮김, 『비폭력 시민운동은 왜 성공을 거두나?』, 두레,
2019)

**3**   예를 들어 운동을 "성공적", "부분적으로 성공적" 그리고 "실패" 등으로 분류하는 기준이
모호하다. 그리고 저항의 목적을 두고 완전하고도 명백하게 합의가 이루어졌다는 전제를
당연한 것처럼 깔고 들어간다. 그러나 대중운동은 항상 목적이 무엇인지를 놓고 다툼과
논란을 벌이기 마련이다. 마찬가지로 "폭력"이 정확히 무엇을 의미하는지 정의되지 않았다.
두 학자는 많은 경우 평화운동을 성공적으로 평가했지만, 예를 들어 동티모르 분쟁에서
평화 시위자를 보호하기 위해 국제 평화군이 투입된 사실은 언급하지 않았다. "평화적"으로
분류된 모든 운동이 실제 그랬는지 의문이 완전히 해소되지 않는다. 미국의 인권운동만
하더라도 이른바 '흑표당Black Panther'이라는 극좌파의 무장투쟁이 있었으며, '아랍의 봄'
은 해당 국가를 거의 내전 일보 직전까지 내몰았다. 그렇지만 체노웨스와 스테판은 무장
충돌로 1천 명 이상의 사망자가 나온 경우만 확실히 폭력적이라고 분류하는 오류를 범했다.
평화 시위와 무장투쟁을 너무 큰 규모로만 비교한 것은, 비록 두 연구자가 평화 시위
연구에 집중하기 위한 선택임을 고려하더라도, 초창기 싹을 키우지 못한 작은 규모의 평화
시위를 너무 많이 간과한 점은 두 연구자의 실수이다. 두 연구자가 미국 정부와 협력한
점도 비판받는 부분이다. 미국 정부는 이런 연구를 바탕으로 외국에서 벌어지는 저항운동에
영향을 미치려 시도했다.

**4**   Chenoweth/Stephan, 같은 책, 10쪽.

**5**   Clark McPhail, 『The Myth of the Madding Crowd』, New York, Routledge,
1991.

---

6    Johan Galtung, 『Strukturelle Gewalt. Beiträge zur Friedens- und Konfliktforschung』, Reinbek, Rowohlt, 1975, 9쪽.

7    https://www.bundestag.de/webarchiv/textarchiv/2016/kw38-de-klima-459220

8    Johannes Brehm & Henri Gruhl: "Ariadne-Analyse. Energiewende, Klimaschutz und Aktivismus: Empirische Analyse weitreichender Protestereignisse bis 2020", 2023, file:///Users/ FK /Downloads/Ariadne-Analyse_Klimaproteste_Dezem- ber2023.pdf

9    Francesco Colombo, Alessandro Ferrara, Foteini-Maria Vassou, Fabrizio Bernardi & Elias Dinas, "From the Streets to the Voting Booth: The Electoral Effect of Grassroots Mobilization Against the Far-Right", 2021년 4월 15일, https://ssrn.com/abs- tract=3826965. Nicolas Lagios, Pierre-Guillaume Meon & Ilan Tojerow, "Is Demonstrating Against the Far Right Worth it? Evidence from French Presidential Elections", https://ssrn. com/abstract=4233804

10   Andreas Reckwitz, 『Die Gesellschaft der Singularitäten. Zum Strukturwandel der Moderne』, Berlin, Suhrkamp, 2017, 63쪽.(안드레아스 레크비츠 지음, 윤재왕 옮김, 『단독성들의 사회』, 새물결, 2023)

11   Debra Friedman & Doug McAdam, "Collective identity and activism: Networks, choices, and the life of a social movement", 출전: A. D. Morris & C. M. Mueller(공동 편집), 『Frontiers in social movement theory』, Boston, Yale University Press, 1992, 156~173쪽.

12   Francesca Poletta, 『It Was Like a Fever: Storytelling in Protest and Politics』, Chicago & London, The University of Chicago Press, 2006, 34쪽.

13   위의 책, 36쪽.

## III 저항의 심리학

1    Steffen Mau, Thomas Luxu, Linus Westheiser, 『Triggerpunkte. Konsens und Konflikt in der Gegenwartsgesellschaft』, Berlin, Suhrkamp, 2023, 47쪽 이하.

2    경제 문제 그리고 이에 따른 정치질서 재편의 문제는 사회적 정의 또는 세대 간 정의로

보아야만 한다는 논란, 네 가지 범주 사이의 차이는 정확히 무엇인지 하는 논란은 이 책이 다루기에는 너무 멀리 나가는 것이라 다루지 않겠다. 다만 나는 저항 잠재력과 관련해, "위─아래" 구도가 시민의 자발적 참여를 끌어내기에 훨씬 더 낫다고 생각한다. 그 좋은 예가 독일에서 여러 차례 벌어졌던 농민 시위이다. 기후 보호는 그 자체로는 의심의 여지가 없이 운동의 좋은 목표이지만, "아래"의 특수이해와 거리가 먼 탓에 기후 보호를 실천할 재정적 지원은 지난하기만 하다.

**3** Martijn van Zomeren, Tom Postumes & Russel Spears, 「Toward an integrative social identity model of collective action: A quantitative research synthesis of three sociopsychological perspectives」, Amsterdam, 2008, https://pubmed.ncbi.nlm.nih.gov/18605818/

**4** Martin Luther King Jr.(1963), 출전: Andreas Braune(편집), 「Ziviler Ungehorsam, Texte von Thoreau bis Occupy」, Stuttgart, Reclam, 2017, 83쪽.

## IV 저항에는 영웅이 필요한가

**1** Max Weber, 「Politik als Beruf」 München u. Leipzig, Duncker & Humblot, 1919, 6쪽. (한국에서는 「직업으로서의 정치」 또는 「소명으로서의 정치」라는 제목으로 여러 판본이 나와 있다.) https://de.wikisource.org/w/index.php? title=Seite:Max_Weber_-_Politik_als_ Beruf_Seite_06.jpg& oldid=

**2** James Baldwin, "The Dangerous Road Before Martin Luther King", 출전: Baldwin: 「Collected Essays」, New York, Literary Classics of the United States 1963, 643쪽.

**3** Peter Andre, Teodora Boneva, Felix Choprau, Armin Falk, "Fighting Climate Change: the Role of Norms, Preferences, and Moral Values", 《ECONtribute》, 토론 페이퍼Discussion Paper, 101번, 2021, https://www.econtribute.de/RePEc/ajk/ajkdps/ECON- tribute_101_2021.pdf

## V 흔들리는 기둥

**1** Mark Pitzke, "Tödliche Schüsse, die bis heute nachhallen", 《Spiegel

Online〉, 2018년 11월 27일, https://www.spiegel.de/geschichte/harvey-milk-der-mord-am-ersten-offen-schwulen- us- politiker-a-1240471.html

**2**   Mark Engler & Paul Engler, 『This Is an Uprising: How Nonviolent Revolt Is Shaping the Twenty-First Century』, New York, Bold Type Books, 2016, 91쪽.(마크 엥글러, 폴 엥글러 지음, 김병순 옮김, 『21세기 시민혁명: 비폭력이 세상을 바꾼다』, 갈마바람, 2018)

**3**   Georg Mascolo, "Der Umsturzhelfer", 〈Spiegel Online〉, 2005년 11월 21일, https://www.spiegel.de/politik/ausland/ robert-helvey-der-umsturzhelfer-a-386006.html

**4**   위의 자료.

**5**   위의 자료.

**6**   위의 자료.

**7**   Engler/Engler, 『This Is an Uprising』, 99쪽.

**8**   Erika Chenoweth & Maria Stephan, 『Why Civil Resistance Works: The Strategic Logic of Nonviolent Conflict』, New York, Columbia Press, 2011, 100쪽 이하.

## VI  최대 피해자

**1**   "Protestcast", 2023년 11월 5일, https://protestcast.podigee.io/ 4-neue-episode

**2**   위의 자료.

**3**   위의 자료.

**4**   Erika Chenoweth & Maria Stephan, 『Why Civil Resistance Works: The Strategic Logic of Nonviolent Conflict』, New York, Columbia Press, 2001, 103쪽.(에리카 체노웨스, 마리아 스티븐 지음, 강미경 옮김, 『비폭력 시민운동은 왜 성공을 거두나?』, 두레, 2019)

**5**   Mark Engler & Paul Engler, 『This Is an Uprising: How Nonviolent Revolt Is Shaping the Twenty-First Century』, New York, Bold Type Books, 2016, 87쪽.(마크 엥글러, 폴 엥글러 지음, 김병순 옮김, 『21세기 시민혁명: 비폭력이 세상을 바꾼다』, 갈마바람, 2018)

**6**   Lea Bonasera, 『Die Zeit für Mut ist jetzt. Wie uns ziviler Widerstand aus

Krisen führt』 Frankfurt/Main, S. Fischer, 2023, 100쪽.

**7**  위의 책, 95쪽.

**8**  Mahatma Gandhi, "An alle Engländer in Indien"(1920), 출전: Andreas Braune(편집), 『Ziviler Ungehorsam. Texte von Thoreau bis Occupy』, Stuttgart, Reclam, 2017, 75쪽.

**9**  위의 자료, 65쪽.

**10**  Georg Mascolo, "Der Umsturzhelfer", 〈Spiegel Online〉, 2005년 11월 21일, https://www.spiegel.de/politik/ausland/robert-helvey-der-umsturzhelfer-a-386006.html

**11**  위의 자료.

**12**  Ulrich Bröckling, 『Postheroische Helden. Ein Zeitbild』, Berlin, Suhrkamp, 2020, 23쪽.

---

## VII  무슨 목적이 어떤 수단을 정당화할까?

**1**  이 글은 삭제되었다. 다만 다음 사이트에 인용된 텍스트는 확인할 수 있다. https://www.fr.de/politik/letzte-generation-news-aktion-aktuell-grund- gesetz-skulptur-denkmal-erdoel-aktivisten-klimawandel- 92123861.html

**2**  위의 자료.

**3**  Florian Eichel, "Angriff auf die Freiheit", 〈Zeit Online〉, 2022년 11월 12일, https://www.zeit.de/2022/46/klimaaktivismus-demokratie-freiheit-protest

**4**  https://www.facebook.com/radioFM4/photos /a.99517326257/10162332880826258/ ?type=3&source=57

**5**  https://www.youtube.com/watch?v=CbzsFZyzL94

**6**  Steffen Geyer & Andres Niesmann, "Scholz hält diplomatische Lösung des Krieges in der Ukraine derzeit für unmöglich≪, Redaktionsnetzwerk Deutschland", 2022년 11월 11일, https://www.rnd.de/politik/olaf-scholz-kanzler-aeussert -sich-bei-live-talk-ueber-klimaproteste-ukraine-krieg-und-us-midterms- ST3R5YKMAVEUJDVGSTJPTYBCSU.html

**7**  https://twitter.com/Lambsdorff/status/1588141356689547265

**8**  "Faeser fordert konsequente Verfolgung von Straftaten bei Klimaprotesten", 〈Redaktionsnetzwerk Deutschland〉,

2022년 11월 3일, https://www.rnd.de/politik/ klimaproteste-
nancy-faeser-fordert-konsequente-verfolgung-von-straftaten-
YQN2VRSJTUCFFJ5J63Q7E5WCHE.html

**9** https://twitter.com/marcobuschmann/status/1584447496126083073

**10** 《dpa》, 2023년 4월 23일, https://www.zdf.de/nachrichten/politik/dobrindt-
klima-raf-100.html

**11** Reinhard Müller, "Klebende Kimaaktivisten: Die Verhöhnung von
Demokratie und Rechtsstaat", faz.net, 2022년 11월 3일, https://www.faz.net/
aktuell/politik/inland/letzte-generation- und-klimaaktivismus-die-groesste-
gefahr-18432010.html

**12** Sophie Garbe: "Der Zorn gibt ihnen recht", 〈Spiegel Online〉, 2022년
11월 2일, https://www.spiegel.de/politik/deutsch-land/protestaktionen-der-
letzten-generation-das-kollektive-vermeiden-a-b8e3eec9-3094-46aa-85b3-
a7ef bc032c5f

**13** Hans-Jörg Vehlewald, "Notwehr ist ein scharfes Schwert", 2022년 10월 25일,
bild.de, https://www.bild.de/bild-plus/politik/inland/politik-inland/notwehr-
ist-ein-scharfes-schwert- darf-ich-klima-klebern-eine-kleben-81724460.
bild.html

**14** Florian Illies, "Ziemlich gute Bilder", 〈Zeit Online〉, 2022년 10월 26일,
https://www.zeit.de/2022/44/letzte-generation-klimaak- tivismus-monet-
van-gogh?utm_referrer=twitter&utm_con- tent=zeitde_redpost+_link_
sf&wt_zmc=sm.int.zonaudev.twitter.ref.zeitde. redpost.link.sf&utm_
campaign=ref&utm_ source=twitter_zonaudev_int&utm_medium=sm)

**15** Henry David Thoreau, "Ziviler Ungehorsam"(1849), 출처: Andreas Braune
(편집), 『Ziviler Ungehorsam. Texte von Thoreau bis Occupy』, Stuttgart,
Reclam, 2017, 45쪽. (한국에서는 『시민의 불복종』이라는 제목으로 여러 판본이 나와 있다.)

**16** 위의 자료.

**17** 위의 자료, 47쪽.

**18** 위의 자료.

**19** Henry David Thoreau, 『Walden or the life in the Woods』, Ticknor and
Fields, Boston, 1854. (한국에서는 『월든』이라는 제목으로 여러 판본이 나와 있다.)

**20** 간디가 나치의 폭압에 시달리던 유대계 독일인들에게 비폭력 저항을 추천했으며, 이후
유대인 희생자들에게 무장 저항을 한 탓에 피해가 커진 잘못도 있다고 한 점은 유감스러운

대목이 아닐 수 없다.

**21** Martin Luther King, "Die Zeit für schöpferischen Protest ist gekommen"(1963), 출전: Braune, 『Ziviler Ungehorsam』 89쪽.

**22** 위의 자료, 89쪽.

**23** 위의 자료, 94쪽.

**24** 위의 자료, 95쪽.

**25** John Rawls, "Eine Theorie der Gerechtigkeit"(1971), 출전: Braune, 『Ziviler Ungehorsam』 123쪽.

**26** Hannah Arendt, "Ziviler Ungehorsam", 출전: Braune, 『Ziviler Ungehorsam』 141쪽.

**27** Michel Foucault, 『Der Wille zum Wissen. Sexualität und Wahrheit I』 Frankfurt/Main, Suhrkamp, 1977, 177쪽. (미셸 푸코 지음, 이규현 옮김, 『성의 역사 1』 나남, 2020)

**28** Michel Foucault, "Den Regierungen gegenüber: die Rechte des Menschen"(1981), 출전: 동일 저자, 『Schriften in vier Bänden』 v. W. Weischedel, 제4권, Darmstadt, Wissenschaftliche Buch- gesellschaft, 2004, 874쪽.

**29** 위의 자료, 873쪽.

**30** Jürgen Habermas, "Ziviler Ungehorsam - Testfall für den demokratischen Rechtsstaat. Wider den autoritären Legalismus in der Bundesrepublik"(1983), 출전: Braune, 같은 자료, 209~228쪽, 인용문은 208쪽.

**31** 위의 자료.

**32** 위의 자료, 210쪽.

**33** 위의 자료, 212쪽.

**34** 위의 자료, 222쪽. https://www.bundesverfassungsgericht.de/SharedDocs/Presse-mitteilungen/DE /2021/bvg21-031.html
Samira Akbarian, "Ziviler Ungehorsam als Verfassungsinterpretation", Tübingen, Mohr Siebeck, 2022.

## Ⅷ 관심의 생태계

**1** "Milk"(USA, 2008, Gus van Sant.)

2  Georg Franck, 『Ökonomie der Aufmerksamkeit』, München, Hanser 1998, 47쪽.

3  Bill Moyer, 『Doing Democracy: The MAP Model for Organizing Social Movements』, Gabriola Island, New Society Publishers, 2001, 50쪽.

4  Martin Luther King, "Die Zeit für schöpferischen Protest ist gekommen"(1963), 출전: Andreas Braune(편집), 『Ziviler Ungehorsam. Texte von Thoreau bis Occupy』, Stuttgart, Reclam, 2017, 90쪽 이하.

5  https://news.gallup.com/poll/149201/americans-divided-whet- her-king-dream-realized.aspx

6  Fabian Kluge, "Acht von zehn Deutschen verurteilen Klima-Proteste der 'Letzten Generation'", 〈Augsburger Allgemeine〉, 2022년 11월 8일, https://www.augsburger-allgemeine.de/special/bayern-monitor/ umfrage-acht-von-zehn-deutschen-verurteilen-klima-proteste-der-letzten- generation-id64479841. html

7  M. Feinberg, R. Willer & C. Kovacheff, "The activist's dilemma: Extreme protest actions reduce popular support for social movements", 〈Journal of Personality and Social Psychology〉, 119(5)(2020), 1086~1111쪽, https://psycnet.apa.org/record/2020- 02398-001

8  Daniel Gonzatti, Sophia Hunger & Swen Hutter, "Environmental Protest Effects on Public Opinion: Experimental Evidence from Germany", 2023, https://osf.io/preprints/osf/5mb3u

9  James Ozden & Sam Glover, "Public Opinion Polling: Just Stop Oil", 2022, https://www.socialchangelab.org/_files/ugd/503ba4_db9ae9e6d8674810ba65f bb193867660.pdf

---

## IX  딜레마라는 이름의 목표

1  https://www.youtube.com/watch?v=hXecgWkO3eY

2  Jana Weiss, Joana Nietfeld, Julius Geiler, Alexander Fröhlich & Maria Fiedler, "Probeblockaden, Rollenspiele, Rekrutierung: So organisiert sich die 'Letzte Generation'", tagesspiegel.de, 2022년 11월 22일. https://www.tagesspiegel.de/gesellschaft/ probe-blockaden-rollenspiele -rekrutierung-

so-organisiert-sich-die-letzte-generation-8902744.html
**3** https://www.climateemergencyfund.org/
**4** Alexander Dinger & Lennart Pfahler, "Geld für den Aufstand - Aktivisten der 'Letzten Generation' beziehen Gehälter", welt.de, 2023년 1월 1일, https://www.welt.de/politik/deutschland/plus242956621/Letzte-Generation- Geld-fuer-den- Aufstand-Verein-bezahlt-Aktivisten.html
**5** Mark Engler & Paul Engler, 『This Is an Uprising: How Nonviolent Revolt Is Shaping the Twenty-First Century』 New York, Bold Type Books, 2016, VII쪽. (마크 엥글러, 폴 엥글러 지음, 김병순 옮김, 『21세기 시민혁명: 비폭력이 세상을 바꾼다』 갈마바람, 2018)

## X 힘에는 힘으로 맞서라: 저항과 폭력

**1** "How to blow up a pipeline"(USA, 2022, Daniel Goldhaber)
**2** Andreas Malm, 『Wie man eine Pipeline in die Luft jagt. Kämpfen lernen in einer Welt in Flammen』 Berlin, Matthes & Seitz, 2020, 17쪽.
**3** Rio Reiser(1971), "Macht kaputt, was euch kaputt macht", TP 1001.
**4** Malm, 같은 책, 46쪽.
**5** Malm, 같은 책, 50쪽.
**6** Nikolaus Nuspliger, "Emily Davison - die Märtyrerin der Sufragetten", 〈Neue Züricher Zeitung〉, nzz.ch, 2021년 1월 15일, https://www.nzz.ch/international/emily-davison-die-maertyrerin-der-suffragetten-ld.1595799
**7** "Kriegen Suppen-Attacken mehr Aufmerksamkeit als die Botschaft dahinter?", Podcast, 2022년 10월 27일, https://ueber-medien.de/77919/kriegen-suppen-attacken-mehr-aufmerk- samkeit-als-die-botschaft-dahinter/
**8** https://twitter.com/fdpbt/status/1590676171422695425
**9** https://www.youtube.com/watch?v=Mzx21Ke2J9I
**10** 앞서도 언급했듯, '마지막 세대'도 이런 약점을 익히 안다. 이들은 2024년 1월 29일 기자회견에서 다음과 같이 밝혔다. "3월부터(2024) 우리는 불복종 집회를 전국에서 열어나가기로 했다. 소규모 그룹으로 나뉘어 도로 봉쇄를 벌이는 대신, 우리는 많은 시민과 함께 불복종 운동을 벌이기로 했다. 정확히 우리는 더는 무시당하지 않을 곳에서 시작한다.

이로써 평화로운 시민 불복종의 새로운 시대가 열린다. 스티커를 붙이고 도로를 막던 시절은 끝났다.

불복종 운동의 새로운 항의 형식으로 우리는 기후 파괴의 책임자를 앞으로 직접 찾아가 만나게 될 것이다. 이는 곧 정치가를 비롯한 결정권자를 찾아가 카메라 앞에서 질문을 던지고 답을 얻어내는 것을 뜻한다. 이미 미국에서 성공을 거둔 '기후 저항(Climate Defiance)'이 바이든 정부의 관료들을 상대로 벌인 활동에서 우리는 영감을 얻었다. 더욱이 우리는 화석연료 파괴의 현장, 이를테면 파이프라인, 공항 또는 'RWE'와 같은 전력회사의 생산시설을 찾아 항의 활동을 강화할 생각이다."

**11**  1944년 7월 17일 일기. Thomas Mann, 『Tagebücher 1944~1946』, München, S. Fischer, 2003(1986), 78쪽.

**12**  https://www.youtube.com/watch?v=dtZBreBYWto

**13**  Jan Heidtmann, "Wasbringtfestklebennoch?", 《sueddeutsche.de》, 2023년 11월 25일, https://www.sueddeutsche.de/politik/letzte-generation-proteste-strassenblockade-klimaschutz-1.6309281

**14**  https://www.prosieben.de/serien/newstime/videos/werden-sie -radikaler-das- plant-die- letzte-generation-im-winter-und-an-weihnachten-v_hkjk94llsgvm

**15**  https://www.msn.com/de-de/nachrichten/politik/kommentar-zu -protesten-und-schuldenbremse-diefurcht-des-olaf-scholz/ar-AA1mI0qq

**16**  "Inszeniertes Foto zum Bauernprotest—Sachsen-CDU in der Kritik", 《Spiegel Online》, 2024년 1월 5일, https://www.spiegel.de/politik/deutschland/sachsen-cdu-wegen-inszenierten -fotos-zu-bauernprotest-in-der-kritik-a-1af2fccc-7325-4d92-a1d3- a50093189d6f

**17**  Jost Maurin, Malene Gürgen, Christian Jakob, Jean-Philipp Baeck, "Achtung, Bauern von rechts", 《taz.de》, 2024년 2월 5일, https://taz.de/Extremisten-wollen-Agrarproteste -kapern/ !5981385/

**18**  Julian Seiferth, "Bauernprotest wird uns von der Außenwelt abschneiden", 《taz.de》, 2024년 1월 6일,https://www.t-online.de/nachrichten/panorama/id_100315166 /bauernproteste-kran-kenhaus-im-ahrtal-fuerchtet-katastrophe -mit-ansage-.html

**19**  Lars Wienand, "Reichsbürger unterwandern Bauernproteste", 《t-online. de》, 2024년 1월 8일, https://www.t-online.de/nachrich-ten/deutschland/innenpolitik/id_100314884/ bauernproteste- prorussische-reichsbuergerarbeiten-an-unterwanderung-.html

20  Christoph Gunkel, "Herr Landrat, keine Bange, Sie leben nicht mehr
    lange", 〈Spiegel Online〉, 2024년 1월 9일, https://www.spiegel.de/geschichte/
    bauernproteste-in-der-weimarer-republik-landwirte-legten-in-der-
    landvolkbewegung-bomben-a- ee3611df-e4e2-4064-97f5-619ab69a5ec5

21  https://twitter.com/_FriedrichMerz/status/1745004546076672159.
    https://www.ardmediathek.de/video/maischberger/maisch- berger-
    am-09-01-2024/das-erste/Y3JpZDovL2Rhc2Vyc3RlLm RIL21lbnNjaGVuIGJl
    aSBtYWlzY2hiZXNZXJvMjAyNC0wMS0wOV8yMi01MC1NRVo. https://www.
    saechsische.de/seb-nitz/innenminister-schuster-lobt-bauern- proteste-
    neujahrs-empfang-sebnitz-5950243-plus.html

22  https://www.bundesregierung.de/breg-de/suche/posts-des-
    regierungssprechers-vom-01-01-bis-07-01-2024-2251936

23  https://www.youtube.com/watch?v=4KFTjIUz8OY

24  https://twitter.com/cem_oezdemir/status/1743022718625198547

25  https://twitter.com/ChrisStoecker/status/1738144495667925058

26  Marcus Bensmann, Justus von Daniels, Anette Dowideit, Jean Peters &
    Gabriela Keller, "Geheimplan gegen Deutschland", 〈Correctiv〉, 2024년 1월
    10일,https://correctiv.org/aktuelles/neue-rechte/2024/01/10/ geheimplan-
    remigration-vertreibung-afd-rechtsextreme-november-treffen/

27  Hermann Hesse & Thomas Mann, 『Briefwechsel』, Frankfurt/Main,
    Suhrkamp/S. Fischer, 1968, 79쪽.

## XI 희망의 근육을 키우기

1  Andreas Zick, Beate Küpper & Nico Mokros, 『Die distanzierte Mitte.
   Rechtsextreme und demokratiegefährdende Einstellungen in Deutschland
   2022/23』, Bonn, Verlag J.H.W. Dietz Nachf. 2023, https://www.fes.de/referat-
   demokratie-gesellschaft-und- innovation/gegen-rechtsextremismus/mitte-
   studie-2023

2  Statista Research Department, "Umfrage in Deutschland zum Vertrauen
   in die Regierung 2023", 2023, https://de.statista.com/statistik/daten/

studie/153823/umfrage/allgemeines-vertrauen-in-die-deutsche-regierung/

**3**  Körber-Stiftung, "Deutsche verlieren Vertrauen in ihre Demokratie", 2023년 8월 17일, https://koerber-stiftung.de/presse/mitteilungen/deutsche-verlieren-vertrauen-in-ihre-demokratie/

**4**  Daniel Schreiber, 『Allein』, Berlin, Hanser, 2021, 17쪽. (다니엘 슈라이버 지음, 강명순 옮김, 『홀로』, 바다출판사, 2023)

**5**  Anton Jäger, 『Hyperpolitik. Extreme Politisierung ohne politische Folgen』, Berlin, Suhrkamp 2023, 17쪽 이하.

**6**  Hannah Arendt, 『Vita activa oder Vom tätigen Leben』, Stuttgart, Kohlhammer 1960, 229쪽. (한나 아렌트 지음, 이진우 옮김, 『인간의 조건』, 한길사, 2019)

**7**  Elisabeth von Thadden, "Wir begreifen heute, dass unsere Lebensform nicht fortsetzbar ist", 〈Zeit Online〉, 2021년 5월 1일, https://www.zeit.de/kultur/2021-04/ wolfram-eilenberger-corona-krise-philosophie-kapitalismus-hoffnung-entwurzelung

**8**  Jonas Schaible, 『Demokratie im Feuer. Warum wir die Freiheit nur bewahren, wenn wir das Klima retten. Und umgekehrt』, Frankfurt, DVA 2023.

**9**  Marvel Moreno, 『Im Dezember der Wind』, Berlin, Verlag Klaus Wagenbach 2023, 47쪽.

**10**  Maximilian Probst & Stefan Schmitt, "Sie werden nicht kampflos untergehen", 〈Zeit Online〉, 2023년 12월 7일, https://www.zeit.de/2023/51/ naomi-oreskes-klimagipfel-klimakon- ferenz-cop28-oelkonzerne

**11**  Mark Engler & Paul Engler, 『This Is an Uprising: How Nonviolent Revolt Is Shaping the Twenty-First Century』, New York, Bold Type Books, 2016, 26쪽. (마크 엥글러, 풀 엥글러 지음, 김병순 옮김, 『21세기 시민혁명: 비폭력이 세상을 바꾼다』, 갈마바람, 2018)

**12**  다음 책에 인용된 것을 재인용함. Pankaj Mishra, 『Das Zeitalter des Zorns. Eine Geschichte der Gegenwart』, Frankfurt/Main, S. Fischer, 2017, 39쪽.

**13**  Albert Camus, 『Der Mensch in der Revolte』(프랑스어 원제, L'homme révolté), Reinbek, Rowohlt, 1969, 35쪽. (알베르 카뮈 지음, 유기환 옮김, 『반항인』, 현대지성, 2023)

**14**  Slavoj Žižek, 『Die Paradoxien der Mehrlust. Ein Leitfaden für die Nichtverwirrten』, Frankfurt/Main, S. Fischer, 2023, 57쪽.

**15**  위의 책, 60쪽.

**16** Rank Scharm, 『Gegen die Gleichgültigkeit』, Tübingen, Schiler & Mücke, 2021, 12쪽.

**17** Hannah Arendt, "Ziviler Ungehorsam"(1969), 출전: Andreas Braune(편집), 『Ziviler Ungehorsam, Texte von Thoreau bis Occupy』, Stuttgart, Reclam, 2017, 156쪽.

**18** Sascha Chaimowicz & Anna Mayr, "Es ist offensichtlich, dass gerade einiges zerbricht", Zeit Online, 2023년 10월 30일, https://www.zeit.de/zeit-magazin/leben/2023-10/ luisa-neubauer- greta-thunberg-israel-gazastreifen

**19** Claiborne Carson, 『Autobiography of Martin Luther King Jr.』, New York, Grand Central Publishing, 1998, 47쪽, https://kin- ginstitute.stanford.edu/ publications/autobiography-martin-lut- her-king-jr/chapter-16-albany-movement (클레이본 카슨 엮음, 이순희 옮김, 『나에게는 꿈이 있습니다: 마틴 루터 킹 자서전』, 바다출판사, 2019)

**20** Blaise Pascal, 『Gedanken』, Innsbruck, Anaconda Verlag, 2023, 8쪽. (한국에서는 『팡세』라는 제목으로 여러 판본이 나와 있다.)

**21** Aristoteles, 『Politik』, https://wiki.philo.at/index.php?title=Aristoteles_(tphff)#Aus_der_.22Politik.22

**22** 위의 자료.

# 우리의 싸움은
# 아직 시작도 하지 않았다

2024년 12월 27일 초판 1쇄 발행

**지은이** 프리데만 카릭 · **옮긴이** 김희상
**펴낸이** 류지호
**책임편집** 김희중 · **디자인** 쿠담디자인
**편집** 이기선, 김희중

**펴낸곳** 원더박스 (03173) 서울시 종로구 새문안로3길 30, 대우빌딩 911호
**대표전화** 02-720-1202 · **팩시밀리** 0303-3448-1202
**출판등록** 제2022-000212호(2012. 6. 27.)

ISBN 979-11-92953-43-4 (03300)